Bons gérants de la grâce de Dieu
qui est si diverse.

(*1P* 4,10)

CONGRÉGATION
POUR LES INSTITUTS DE VIE CONSACRÉE
ET LES SOCIÉTÉS DE VIE APOSTOLIQUE

L'ÉCONOMIE AU SERVICE DU CHARISME ET DE LA MISSION

Boni dispensatores multiformis gratiae Dei
(*1 P* 4, 10)

ORIENTATIONS

Première édition *2018*
Édition Print on demand *2021*

En couverture
Marko I. Rupnik, *La pêche miraculeuse*, mosaïque
Chapelle de la Conférence épiscopale espagnole
Madrid (Espagne)

Libreria Editrice Vaticana
00120 Città del Vaticano
Tel. +39 06.698.45780
Email: commerciale.lev@spc.va

www.libreriaeditricevaticana.va
www.vatican.va

ISBN 978-88-266-0492-3

INTRODUCTION

1. *Ce que chacun de vous a reçu comme don de la grâce, mettez-le au service des autres, en bons gérants de la grâce de Dieu qui est si diverse* (*1P* 4,10).

La *Première Lettre de Pierre* fait référence à l'adversité dans laquelle se trouvaient les communautés chrétiennes de la diaspora romaine vers la fin du Ier siècle: un moment d'épreuve particulière pour l'Église, qui reçoit un écrit d'une haute valeur théologique. Le texte s'adresse aux chrétiens provenant du paganisme, *ceux qui sont choisis par Dieu, qui séjournent comme étrangers en diaspora dans les régions du Pont, de Galatie, de Cappadoce, dans la province d'Asie et en Bithynie* (1,1). L'intention de Pierre est d'encourager à *tenir fermes dans la grâce de Dieu* (5,12), il exhorte à la fermeté, à la persévérance patiente (1,13; 4,19; 5,7-8) face aux épreuves et aux difficultés.

Le chapitre 4, en particulier, s'articule selon trois cadres. Le premier met en lumière le parallèle entre la souffrance que le Christ a endurée dans sa chair et les sentiments qui doivent animer les chrétiens (vv. 1-2); le second, la connotation « différente » des chrétiens dans le contexte social où ils vivent (vv. 3-6) ; le dernier cadre part de la perspective eschatologique et dirige l'attention sur la dynamique de communion dans la vie des chrétiens avec des indications précises et précieuses (vv. 7-11).

Le v. 10: *Ce que chacun de vous a reçu comme don de la grâce, mettez-le au service des autres, en bons gérants de la grâce de Dieu qui est si diverse,* trace les traits de ceux qui, ayant suivi le Christ et son Évangile, sont comblés de la Grâce, à savoir une pluie de dons qui se déversent dans la vie de tout croyant. En effet, Pierre invite chacun à vivre son propre don (*chárisma*) en tant que serviteur (*diakonìa*), en devenant gérant (*oìkonòmoi*) de la Grâce (4,10).

Les dons reçus de Dieu sont appelés charismes, du grec *charis,* qui dérive du verbe *charizomai* qui signifie: donner, être magnanime, généreux, donner gratuitement.

Le terme *chárisma* dans le Nouveau Testament n'est employé qu'en référence aux dons qui proviennent de Dieu. Chaque charisme n'est pas un don accordé à tous, mais un don particulier que l'Esprit distribue « comme il veut » (*1 Cor* 12,11).[1]

[1] Cf. CONGRÉGATION POUR LA DOCTRINE DE LA FOI, Lett. *Juvenescit Ecclesia* sur la relation entre les dons hié-

Le chrétien est donc appelé à devenir économe, gérant de la grâce de Dieu qui est si diverse, qui s'exprime aussi à travers les charismes, et il est appelé à la mettre en circulation au bénéfice de tous. Chaque charisme vient de Dieu qui prodigue son patrimoine de grâce sans mesure; chaque membre de la communauté, riche de ce don, est donc membre actif et coresponsable de la vie communautaire, sachant que ce qu'il a à sa disposition ne lui appartient pas, mais est un don à garder, à faire fructifier dans un unique objectif: le bien commun, « parce qu'il n'est possible qu'ensemble de l'atteindre, de l'accroître et de le conserver, notamment en vue de l'avenir ».[2] Un bien commun qui met en réseau une multiplicité de dons, au service les uns des autres, à travers laquelle se déploie le projet salvifique de Dieu au bénéfice de tous les hommes et de toutes les femmes.

2. Dans le projet salvifique de Dieu, l'Église est comme « l'administrateur fidèle et prudent [qui] a le devoir de prendre soin attentivement de tout ce qui lui a été confié ».

rarchiques et charismatiques pour la vie et la mission de l'Église, Rome (15 mai 2016), 4.

[2] Conseil Pontifical « Justice et Paix », *Compendium de la Doctrine sociale de l'Église*, Rome (2 avril 2004), § 164.

En effet, elle « est consciente de sa responsabilité de préserver et de gérer avec attention ses biens, à la lumière de sa mission d'évangélisation et avec une prévenance particulière envers les personnes qui sont dans le besoin ».[3]

Le moment historique actuel appelle la vie consacrée à se mesurer à une baisse des vocations diffuse et à une crise économique qui perdure. Cette situation invite à « assumer avec réalisme, confiance et espérance les nouvelles responsabilités auxquelles nous appelle la situation d'un monde qui a besoin de se renouveler en profondeur au niveau culturel et de redécouvrir les valeurs de fond sur lesquelles construire un avenir meilleur. La crise nous oblige à reconsidérer notre itinéraire, à nous donner de nouvelles règles et à trouver de nouvelles formes d'engagement, à miser sur les expériences positives et à rejeter celles qui sont négatives. La crise devient ainsi une *occasion de discernement et elle met en capacité d'élaborer de nouveaux projets.* C'est dans cette optique, confiants plutôt que

[3] FRANÇOIS, Lett. Ap. sous forme de motu proprio *Fidelis dispensator et prudens* pour la constitution d'une nouvelle structure de coordination des affaires économiques et administratives du Saint-Siège et de l'État de la Cité du Vatican (24 février 2014), *incipit.*

résignés, qu'il convient d'affronter les difficultés du moment présent ».[4]

Dans cette perspective, les Instituts de vie consacrée et les Sociétés de vie apostolique sont appelés à être de *bons gérants* des charismes reçus de l'Esprit, y compris à travers la gestion et l'administration de leurs biens.

3. Ces dernières années, un grand nombre d'Instituts de vie consacrée et de Sociétés de vie apostolique se sont retrouvés à devoir affronter des problèmes de nature économique. Nous pourrions dire qu'à la diminution croissante des forces a correspondu une augmentation des difficultés. Une préparation insuffisante et l'absence de vision ont souvent été à l'origine de choix économiques qui ont mis en danger non seulement les biens mais aussi la survie même des Instituts. La Congrégation pour les Instituts de vie consacrée et les Sociétés de vie apostolique, prenant acte de la situation, a sollicité les Instituts et les Sociétés à assumer une plus grande conscience de l'importance de la matière économique, fournissant des critères et des indications pratiques pour la gestion des biens.

[4] BENOÎT XVI, Lett. Enc. *Caritas in veritate* (29 juin 2009), 21.

Dans ce contexte se sont insérés les deux *Symposiums internationaux* sur la gestion des biens. Le premier, intitulé *La gestion des biens des Instituts de vie consacrée et des Sociétés de vie apostolique au service de l'*humanum *et de la mission de l'Église,*[5] en mars 2014, suite auquel ont été élaborées les *Lignes d'orientation pour la gestion des biens dans les Instituts de vie consacrée et dans les Sociétés de vie apostolique,*[6] publiées le 2 août 2014. Les lignes d'orientation et les principes pour la gestion des biens ont été offerts « comme une aide pour que les Instituts répondent avec une audace et une prophétie renouvelées aux défis de notre temps, pour continuer à être un signe prophétique de l'amour de Dieu ».[7]

Dans la période suivante, l'attention du Dicastère s'est dirigée vers la signification des œuvres. Si le Ier Symposium a été caractérisé

[5] Congrégation pour les Instituts de vie consacrée et les Sociétés de vie apostolique, *La gestion des biens des Instituts de vie consacrée et des Sociétés de vie apostolique au service de l'*humanum *et de la mission dans l'Église. Actes du Symposium international (Rome, 8 et 9 mars 2014),* LEV, Cité du Vatican 2014.

[6] Congrégation pour les Instituts de vie consacrée et les Sociétés de vie apostolique, Lett. circ. *Lignes d'orientation pour la gestion des biens dans les Instituts de vie consacrée et dans les Sociétés de vie apostolique,* Rome (2 août 2014).

[7] *Ibid.*, 6.

par le rappel de la capacité de rendre compte et du devoir de protéger les biens, de vigilance et de contrôle de la part des Supérieurs, le IIème Symposium, organisé en novembre 2016, s'est arrêté sur la signification charismatique: *Dans la fidélité au charisme, repenser l'économie.*

4. Dans le sillage du riche Magistère du pape François, le document actuel – en continuité avec le texte des *Lignes* – se propose de:

– poursuivre un chemin de réflexion ecclésiale sur les biens et leur gestion, s'appuyant aussi sur les riches contributions demandées aux Supérieurs des Instituts de vie consacrée et des Sociétés de vie apostolique et parvenues au Dicastère;[8]

– rappeler et expliciter certains aspects de la règlementation canonique sur les biens temporels avec une référence particulière à la pratique de la Congrégation pour les Instituts de vie consacrée et les Sociétés de vie apostolique;

– suggérer quelques instruments de planification et de programmation inhérents à la gestion des œuvres;

[8] *Ibid.*

– solliciter les Instituts de vie consacrée et les Sociétés de vie apostolique, à tous les niveaux, des Supérieurs aux membres, pour repenser l'économie dans la fidélité au charisme pour être « encore aujourd'hui, pour l'Église et le monde, aux avant-postes de l'attention à l'égard de tous les pauvres et de toutes les pauvretés, matérielles, morales et spirituelles, pour surmonter tout égoïsme dans la logique de l'Évangile qui enseigne à avoir confiance dans la Providence de Dieu ».[9]

[9] FRANÇOIS, *Message aux participants au Symposium international sur le thème: « La gestion des biens ecclésiastiques des Instituts de vie consacrée et des Sociétés de vie apostolique au service de l'*humanum *et de la mission dans l'Église »*, Rome (8 mars 2014).

I.

MÉMOIRE VIVANTE DU CHRIST PAUVRE

La pauvreté du Christ, nouveauté de l'Évangile

5. Vivre la nouveauté de l'Évangile « signifie vivre de manière à refléter la pauvreté du Christ, dont la vie entière était centrée sur l'accomplissement de la volonté du Père et le service des autres ».[1]

Le pape François ne laisse passer aucune occasion de nous ramener continuellement au centre de la *sequela Christi*: « Le désir explicite d'être totalement configuré à lui »,[2] à sa vie, à sa *kénose.* Le mystère de l'Incarnation est un mystère de pauvreté: *lui qui est riche, il s'est fait pauvre à cause de vous* (cf. *2 Cor* 8,9).

[1] FRANÇOIS, *Homélie* pendant la messe avec les évêques, prêtres, religieux et religieuses, à l'occasion du Voyage apostolique au Sri Lanka et aux Philippines, Manille (16 janvier 2015).

[2] JEAN-PAUL II, Ex. Ap. post-synodale *Vita consecrata* (25 mars 1996), 18.

Sur la croix, « sa pauvreté ira jusqu'au dépouillement total »,[3] il expérimente jusqu'au bout le mystère de la *kénose*, comme le *Serviteur souffrant* annoncé par Isaïe.

6. « La pauvreté du Christ cache en elle-même cette infinie richesse de Dieu. [Il] est non seulement le maître, mais le porte-parole et le garant de la pauvreté salvifique qui correspond à l'infinie richesse de Dieu et à l'inépuisable puissance de sa grâce ».[4] C'est pourquoi la *kénose* se pose comme critère fondamental pour la vie de tout baptisé et, à plus forte raison, de toute personne consacrée. La pauvreté, « vécue à l'exemple du Christ qui, *de riche qu'il était, s'est fait pauvre* (*2 Co* 8, 9), devient une expression du *don total de soi* que se font mutuellement les trois Personnes divines. C'est un don qui se répand dans la création et se manifeste pleinement dans l'Incarnation du Verbe et dans sa mort rédemptrice ».[5]

Dans la synagogue de Nazareth, au début de son ministère, Jésus a proclamé que

[3] *Ibid.*, 23; cf. *Ph* 2, 5-11.

[4] JEAN-PAUL II, Ex. Ap. *Redemptionis donum* (25 mars 1984), 12.

[5] JEAN-PAUL II, Ex. Ap. post-synodale *Vita consecrata* (25 mars 1996), 21.

l'Évangile est annoncé aux pauvres (cf. *Lc* 4,18; *Is* 61,1). Celui qui veut le suivre est donc appelé à abandonner ses biens, sa maison, sa famille, à commencer son chemin par une spoliation (*Lc* 14,33; 18,22). Le Maître demande, avant tout, d'accueillir et donc de vivre *le primat du Royaume,* auquel rien ne peut être préféré ni privilégié. C'est pourquoi les pauvres en esprit sont dit bienheureux (*Mt* 5,3), étant les premiers destinataires du Royaume, c'est-à-dire ceux qui sont en situation de l'attendre, de le désirer et de l'accueillir.

7. La bienheureuse pauvreté est celle qui rend la personne libre intérieurement et qui lui permet de grandir dans la foi et dans la charité, cette charité qui a les yeux ouverts sur les besoins des autres, et le cœur miséricordieux pour les secourir. La bienheureuse pauvreté est animée de l'amour qui place les autres avant soi-même et met sa confiance en Dieu, qui pourvoit tous les jours pour ses créatures, comme pour les lys des champs et les oiseaux du ciel (cf. *Mt* 6,25-34).

La bienheureuse pauvreté est celle qui est conseillée par Jésus au jeune homme qui *s'en alla tout triste, car il avait de grands biens* (*Mc* 10,22) et voulait les garder pour lui. Le Maître lui avait suggéré de tout vendre pour l'éduquer à la liberté intérieure et à la miséricorde, authentique et généreuse. La pauvreté éduque à la charité et, ainsi, elle introduit à la contemplation du Mystère de Dieu.

8. Un témoignage de vie consacrée assume des *styles de vie pauvre.* Le pape François, dans la Lettre encyclique *Laudato si'* sur la sauvegarde de la maison commune, a fait l'éloge de la sobriété: « La spiritualité chrétienne, écrit le pape, propose une croissance par la sobriété, et une capacité de se satisfaire de peu. C'est un retour à la simplicité qui nous permet de nous arrêter pour apprécier ce qui est petit, pour remercier des possibilités que la vie offre, sans nous attacher à ce que nous avons ni nous attrister de ce que nous ne possédons pas ».[6] Par leur choix de pauvreté, professée par le vœu ou par un autre lien sacré, selon leur charisme propre, les personnes consacrées sont des témoins vivants et crédibles de ce que « la sobriété, qui est vécue avec liberté et de manière consciente, est libératrice. Ce n'est pas moins de vie, ce n'est pas une basse intensité de vie mais tout le contraire ».[7]

[6] FRANÇOIS, Lett. Enc. *Laudato si'* (24 mai 2015), 222.
[7] *Ibid.*, 223.

La pauvreté des consacrés est destinée à « rendre témoignage à Dieu qui est la véritable richesse du cœur humain »,[8] à confesser qu'avec le Christ ils possèdent des *biens meilleurs et plus durables* (*Hé* 10,34) : la foi en Lui confère à la vie « une base nouvelle, un nouveau fondement sur lequel l'homme peut s'appuyer ».[9]

Par leur pauvreté, les consacrés témoignent d'une qualité de vie vraiment humaine qui relativise les biens en indiquant Dieu comme le bien absolu.[10] La simplicité, la sobriété et l'austérité de vie des personnes consacrées leur confèrent une complète liberté en Dieu.[11]

Vers « la chair du Christ »

9. « L'homme et, en particulier, les pauvres, sont exactement le chemin de l'Église, parce que cela a été le chemin de Jésus-

[8] JEAN-PAUL II, Ex. Ap. post-synodale *Vita consecrata* (25 mars 1996), 90.

[9] BENOÎT XVI, Lett. Enc. *Spe salvi* (30 novembre 2007), 8.

[10] Cf. JEAN-PAUL II, Ex. Ap. post-synodale *Vita consecrata* (25 mars 1996), 89.

[11] Cf. FRANÇOIS, *Discours aux participants aux journées consacrées aux représentants pontificaux*, Rome (21 juin 2013).

Christ».[12] Les pauvres ont toujours été au centre de l'attention de Jésus, qui a cherché à leur donner dignité, vie, possibilité de vivre leur humanité en plénitude. Le pape François, dans le sillage du Magistère, le rappelle continuellement. «Comme je voudrais une Église pauvre et pour les pauvres»:[13] ces paroles, prononcées le lendemain de son élection, peuvent bien être une des clés de son pontificat. «Pour l'Église, l'option pour les pauvres est une catégorie théologique avant d'être culturelle, sociologique, politique ou philosophique. Dieu leur accorde "sa première miséricorde". Cette préférence divine a des conséquences dans la vie de foi de tous les chrétiens, appelés à avoir *les mêmes sentiments qui sont dans le Christ Jésus* (*Ph* 2,5)».[14]

10. Cette exigence d'attention aux besoins des pauvres, sur les pas du Maître, s'est incarnée dans la première communauté des disciples. Dans les *Actes des apôtres* (cf. *Ac* 2,42-47; 4,32-37), l'Église de Jérusa-

[12] J.M. BERGOGLIO, *Seul l'amour nous sauvera*, LEV, Rome 2013, 113.

[13] FRANÇOIS, *Discours aux représentants des médias*, Rome (16 mars 2013); FRANÇOIS, Ex. Ap. *Evangelii gaudium* (24 novembre 2013), 198.

[14] FRANÇOIS, Ex. Ap. *Evangelii gaudium* (24 novembre 2013), 198.

lem est présentée comme une assemblée où la charité et le partage des biens, distribués *à chacun selon ses besoins* (*Ac* 4,35), font qu'*aucun d'entre eux n'était dans l'indigence* (*Ac* 4,34). Dans la persévérance de cette communauté, outre l'assiduité à l'enseignement des apôtres, à la fraction du pain et aux prières, il y a celle de la *koinonía* (*Ac* 2,42), le fait d'avoir *tout en commun* (*Ac* 2,44; 4,32) et de partager les biens *en fonction des besoins de chacun* (*Ac* 2,45).

La grande collecte aussi, organisée par Paul dans les Églises qu'il a fondées, en faveur de l'Église-mère de Jérusalem (*1 Cor* 16,1-4; *Rm* 15,25-28; *2 Cor* 8-9), est un geste de solidarité qui dilate l'horizon de la communion ecclésiale.

Ces textes constituent un paradigme d'inspiration de l'être et de l'agir des communautés des disciples de tous les temps et tous les lieux. Les chrétiens ont perçu et perçoivent la responsabilité de trouver des formes adaptées pour traduire en pratique les exigences de la *koinonía.* Les personnes consacrées, qui incarnent dans l'histoire la pauvreté du Christ et s'inspirent de la vie des premières communautés, sont appelées à faire leur l'urgence de la *koinonía.* C'est le choix de suivre le Christ pauvre qui conduit au choix pour les pauvres.

11. « Une Église pauvre pour les pauvres commence par aller vers la chair du Christ ».[15] La contemplation du visage du Père révélée dans le Christ Jésus, la dimension concrète de son amour manifesté dans l'Incarnation du Fils (cf. *Ph* 2, 7), conduit à le découvrir dans tous les pauvres et les exclus. Aux pauvres, on ne donne pas seulement des choses, il est nécessaire de partager avec eux ou, mieux encore, de leur restituer ce qui leur appartient. Les consacrés, hommes et femmes, qui ont fait l'expérience de l'Amour gratuit du Père, sont appelés à faire leur la spiritualité de la restitution, pour restituer librement ce qui leur a été donné pour le service des frères : la vie, les dons, le temps, les biens dont ils se servent. Il faut réaliser « une *rencontre* authentique avec les pauvres et donner lieu à un *partage* qui devient style de vie » :[16] vivre *sine proprio* – à l'exemple de François d'Assise – devient ainsi le degré le plus élevé de la pauvreté évangélique.

Les personnes consacrées sont appelées non seulement à la pauvreté personnelle – « la pauvreté, aujourd'hui, est un cri.

[15] François, *Paroles à l'occasion de la veillée de Pentecôte avec les mouvements, les nouvelles communautés, les associations et les agrégations ecclésiales*, Rome (18 mai 2013).

[16] François, *Message pour la Ire Journée mondiale des pauvres*, Rome (13 juin 2017), 3.

Nous devons tous nous demander si nous pouvons devenir un peu plus pauvres »[17] –, mais aussi à une pauvreté communautaire ; ce ne sont pas seulement les membres qui doivent se détacher de leurs biens, mais aussi les institutions : « Les couvents vides ne nous appartiennent pas, ils sont pour la chair du Christ ».[18] La communauté religieuse doit donc se faire solidaire dans la pauvreté, parce que « toute communauté de l'Église, dans la mesure où elle prétend rester tranquille sans se préoccuper de manière créative et sans coopérer avec efficacité pour que les pauvres vivent avec dignité et pour l'intégration de tous, court aussi le risque de la dissolution ».[19]

La communauté est appelée à exercer le discernement non pas tant pour distinguer les catégories de pauvres, mais pour se faire proche d'eux, quels qu'ils soient et partout où elle les rencontre, pour connaître la pauvreté capable de l'enrichir *dans la largeur, la longueur, la hauteur et la profondeur de l'amour du Christ* (cf. *Ep* 3, 18-19).

[17] FRANÇOIS, *Discours aux étudiants des écoles gérées par les Jésuites en Italie et en Albanie*, Rome (7 juin 2013).

[18] FRANÇOIS, *Discours à l'occasion de la visite au Centre "Astalli" pour le service des réfugiés*, Rome (10 septembre 2013).

[19] FRANÇOIS, Ex. Ap. *Evangelii gaudium* (24 novembre 2013), 207.

Économie au visage humain

12. L'homme et son véritable bien doivent aussi avoir un primat dans l'activité économique comme, plus largement, dans l'organisation sociale et dans la vie politique. La Constitution *Gaudium et spes* l'a rappelé : « L'homme est en effet l'auteur, le centre et la fin de toute la vie économique et sociale »,[20] et Benoît XVI l'a redit : « Le premier capital à sauvegarder et à valoriser est l'homme, la personne, dans son intégrité ».[21] Par conséquent, la dimension économique est intimement liée à la personne et à la mission. À travers l'économie, passent des choix importants pour la vie personnelle et collective, dans lesquels doit transparaître le témoignage évangélique, attentif aux nécessités des frères et des sœurs.

Les consacrés, hommes et femmes, choisissent la prophétie et se soustraient à la « dictature d'une économie sans visage et sans un but véritablement humain ».[22] Leur pauvreté rappelle à tous l'urgence de s'affranchir de

[20] Concile Œcuménique Vatican II, Const. Past. sur l'Église dans le monde contemporain *Gaudium et spes*, 63.

[21] Benoît XVI, Lett. Enc. *Caritas in veritate* (29 juin 2009), 25.

[22] François, Ex. Ap. *Evangelii gaudium* (24 novembre 2013), 55.

l'économie de l'exclusion et de l'inéquité, parce que cette économie tue.[23] En effet, elle pousse à considérer « l'être humain en lui-même comme un bien de consommation, qu'on peut utiliser et ensuite jeter. Nous avons mis en route la culture du "déchet" qui est même promue. [...] Les exclus ne sont pas des "exploités", mais des déchets, des "restes" ».[24]

La crédibilité évangélique des consacrés est liée aussi à la manière dont les biens sont gérés. On ne peut céder à la tentation de chercher l'efficacité technique et organisationnelle des ressources matérielles et des œuvres, au lieu de l'efficacité de l'action sur le plan évangélique. Dans cette optique, les Supérieurs majeurs doivent être conscients que les techniques de gestion ne correspondent pas toutes aux principes évangéliques et ne sont pas toutes en accord avec l'enseignement social de l'Église.[25] « L'économie et sa gestion ne sont jamais éthiquement ou anthropologiquement neutres. Ou elles con-

[23] Cf. *Ibid.*, 53 et sq.

[24] *Ibid.*, 53.

[25] Cf. CONGRÉGATION POUR LES INSTITUTS DE VIE CONSACRÉE ET LES SOCIÉTÉS DE VIE APOSTOLIQUE, Lett. circ. *Lignes d'orientation pour la gestion des biens dans les Instituts de vie consacrée et dans les Sociétés de vie apostolique*, Rome (2 août 2014), 3.

courent à construire des rapports de justice et de solidarité, ou elles génèrent des situations d'exclusion et de refus ».[26]

13. Cette attention à mettre la personne au centre, avec toutes ses caractéristiques et ses particularités, invite à un dépassement continuel d'une mentalité fonctionnaliste, y compris à l'intérieur de la communauté. En particulier avec le soin attentif et la valorisation de tous ses membres, surtout les plus âgés. Il s'agit concrètement d'intégrer dans la dynamique communautaire nos membres âgés, en faisant appel à leurs ressources de témoignage et de prière, en valorisant leur expérience et leur sagesse, et en les impliquant, y compris dans cette phase, dans les formes de service dont ils sont encore capables. Une intégration qui devient un signe de contradiction dans une société où les personnes âgées elles-mêmes risquent d'être mises de côté comme du rebut. Nous savons bien comment cette dynamique d'accueil et de valorisation est toujours présente dans nos fraternités: les Instituts s'engagent activement afin de garantir – avec un remarqua-

[26] FRANÇOIS, *Message aux participants au second Symposium international sur le thème: «Dans la fidélité au charisme, repenser l'économie des Instituts de vie consacrée et des Sociétés de vie apostolique»*, Rome (25 novembre 2016).

ble investissement d'énergies et de biens – aux sœurs et aux frères âgés et malades une assistance digne.

De la même manière, les consacrés âgés, hommes et femmes, sont appelés à accueillir dans l'ouverture et la confiance les propositions de leurs frères et sœurs plus jeunes de sorte que, dans chaque communauté, puisse se réaliser la prophétie de Joël: *vos anciens seront instruits par des songes, et vos jeunes gens par des visions* (3,1), sans jamais céder *à la tentation de la survie.*[27]

L'économie est l'instrument de l'action missionnaire de l'Église

14. Penser l'économie signifie être inséré dans le processus d'humanisation qui nous rend, pour le dire avec les Latins, *humanissimi,* c'est-à-dire des personnes dans le sens le plus plein du terme, conscientes d'elles-mêmes et de leur propre relation-mission dans le monde: «Je suis une mission sur la terre et c'est pourquoi je me trouve dans ce monde».[28]

[27] Cf. FRANÇOIS, *Homélie* à l'occasion de la fête de la Présentation du Seigneur, XXI Journée mondiale de la vie consacrée, Rome (2 février 2017).

[28] Cf. FRANÇOIS, Ex. Ap. *Evangelii gaudium* (24 novembre 2013), 273.

À l'occasion du premier Symposium pour les économes généraux, le Saint-Père rappelait: « Les instituts de vie consacrée et les sociétés de vie apostolique ont toujours été une voix prophétique et un témoignage vivant de la nouveauté qu'est le Christ [...] Cette pauvreté amoureuse est solidarité, partage et charité et s'exprime dans la sobriété, dans la recherche de la justice et dans la joie de l'essentiel, pour mettre en garde contre les idoles matérielles qui affaiblissent le sens authentique de la vie ».[29]

La pauvreté des consacrés doit donc être amoureuse et non théorique.[30] Elle conteste avec force l'idolâtrie de Mammon, se proposant comme un appel prophétique vis-à-vis d'une société qui, étant riche dans de nombreuses parties du monde, risque de perdre le sens de la mesure et la signification même des choses. C'est pourquoi, aujourd'hui plus qu'à d'autres époques, son rappel suscite l'attention y compris parmi ceux qui, conscients de la finitude des ressources de la planète, invoquent le respect et la protection de la

[29] FRANÇOIS, *Message aux participants au Symposium international sur le thème: « La gestion des biens ecclésiastiques des Instituts de vie consacrée et des Sociétés de vie apostolique au service de l'*humanum *et de la mission dans l'Église »*, Rome (8 mars 2014).

[30] Cf. *ibid.*

création par la réduction de la consommation, la sobriété et l'imposition d'un frein nécessaire à ses propres désirs.

Si le domaine de l'économie est un instrument, si l'argent doit servir et non gouverner, il est alors nécessaire de regarder le charisme, la direction, les buts, la signification et les implications sociales et ecclésiales des choix économiques qu'opèrent les Instituts de vie consacrée et les Sociétés de vie apostolique.[31]

15. La confirmation de l'instrumentalité des biens temporels par rapport à la réalisation des fins découle du concept même de bien ecclésiastique. Les biens des Instituts, en effet, sont des biens ecclésiastiques (can. 634 § 1). Sont considérés comme tels les biens qui appartiennent aux personnes juridiques publiques (can. 1257 § 1) ordonnés à une fin correspondant à la mission de l'Église (can. 114 § 1), « afin de remplir au nom de l'Église la charge propre qui leur a été confiée en vue du bien public » (can. 116 § 1). Les biens des Instituts participent, en effet, « de manière évangélique aux mêmes objectifs de la pro-

[31] Cf. FRANÇOIS, *Message aux participants au second Symposium international sur le thème: «Dans la fidélité au charisme, repenser l'économie des Instituts de vie consacrée et des Sociétés de vie apostolique»*, Rome (25 novembre 2016).

motion de la personne humaine, de la mission, du partage caritatif et solidaire avec le peuple de Dieu. La sollicitude et le soin des pauvres en particulier, vécus comme engagement commun, sont capables de donner une nouvelle vitalité à l'institut ».[32] Comme l'affirme la Constitution conciliaire *Gaudium et spes*, l'Église se sert « d'instruments temporels dans la mesure où sa propre mission le demande », bien plus, elle « renoncera à l'exercice de certains droits légitimement acquis, s'il est reconnu que leur usage peut faire douter de la pureté de son témoignage ».[33]

La fidélité au charisme et à la mission reste, par conséquent, le critère fondamental pour l'évaluation des œuvres.[34] En effet, « la rentabilité ne peut pas être l'unique élément à prendre en compte ».[35]

Repenser l'économie doit passer par un discernement attentif: écoute de la Parole de

[32] Congrégation pour les Instituts de vie consacrée et les Sociétés de vie apostolique, *Orientations. À vin nouveau, outres neuves. Depuis le Concile Vatican II, la vie consacrée et les défis encore ouverts*, Rome (6 janvier 2017), 28.

[33] Concile Œcuménique Vatican II, Const. Past. sur l'Église dans le monde contemporain *Gaudium et spes*, 76.

[34] Cf. François, *Message aux participants au second Symposium international sur le thème: « Dans la fidélité au charisme, repenser l'économie des Instituts de vie consacrée et des Sociétés de vie apostolique »*, Rome (25 novembre 2016).

[35] François, Lett. Enc. *Laudato si'* (24 mai 2015), 187.

Dieu et de l'histoire. L'engagement inlassable dans le discernement permettra ainsi de choisir, avec une sagacité créative et un cœur disponible, des œuvres qui offrent une nouvelle dignité « à des personnes victimes du rejet, faibles et fragiles : les enfants à naître, les plus pauvres, les personnes âgées malades, les personnes gravement handicapées ».[36] Dans la Lettre adressée à tous les consacrés à l'occasion de l'Année de la vie consacrée, le pape François affirmait : « J'attends de vous des gestes concrets d'accueil des réfugiés, de proximité à l'égard des pauvres, de créativité dans la catéchèse, dans l'annonce de l'Évangile, dans l'initiation à la vie de prière. Par conséquent, je souhaite l'allègement des structures, la réutilisation des grandes maisons en faveur d'œuvres répondant davantage aux exigences actuelles de l'évangélisation et de la charité, l'adaptation des œuvres aux nouveaux besoins ».[37]

En même temps, il faut une conscience renouvelée pour dépasser la mentalité d'assis-

[36] Cf. FRANÇOIS, *Message aux participants au second Symposium international sur le thème : « Dans la fidélité au charisme, repenser l'économie des Instituts de vie consacrée et des Sociétés de vie apostolique »*, Rome (25 novembre 2016).

[37] FRANÇOIS, *Lettre Apostolique* à tous les consacrés à l'occasion de l'année de la vie consacrée, Rome (23 novembre 2014), 2.

tanat qui couvre les pertes sans résoudre les problèmes de gestion et qui représente un très grave dommage parce qu'elle dissipe des ressources qui pourraient être utilisées dans d'autres œuvres de charité.[38]

Les Instituts doivent se préoccuper non seulement des résultats de leur gestion, mais aussi de tout le chemin du processus économique. « La doctrine sociale de l'Église a toujours soutenu que la *justice se rapporte à toutes les phases de l'activité économique, Ainsi toute décision économique a-t-elle une conséquence de caractère moral.* C'est pourquoi les règles de la justice doivent être respectées dès la mise en route du processus économique, et non avant, après ou parallèlement ».[39]

Économie évangélique de partage et de communion

16. Les Instituts de vie consacrée et les Sociétés de vie apostolique sont invités à chercher « d'autres façons de comprendre l'éco-

[38] Cf. CONGRÉGATION POUR LES INSTITUTS DE VIE CONSACRÉE ET LES SOCIÉTÉS DE VIE APOSTOLIQUE, Lett. circ. *Lignes d'orientation pour la gestion des biens dans les Instituts de vie consacrée et les Sociétés de vie apostolique,* Rome (2 août 2014), 9, 1.1.

[39] BENOÎT XVI, Lett. Enc. *Caritas in veritate* (29 juin 2009), 37.

nomie et le progrès ».[40] La fraternité, la solidarité, le refus de l'indifférence, la gratuité sont le remède le plus fondamental aux conflits, y compris économiques, et le point de départ pour construire une société juste et équitable, qui tende à refléter le plus possible la patrie définitive, où il y aura *un ciel nouveau et une terre nouvelle où résidera la justice* (*2P* 3,13).

« Si la poursuite du développement demande des techniciens de plus en plus nombreux, elle exige encore plus des sages capables de réflexion profonde, à la recherche d'un humanisme nouveau, qui permette à l'homme moderne de se retrouver lui-même, en assumant les valeurs supérieures d'amour, d'amitié, de prière et de contemplation. Ainsi pourra s'accomplir en plénitude le vrai développement ».[41]

Par conséquent, le développement – s'il veut être authentiquement humain – doit faire place aux charismes. Les charismes de fondation, en effet, sont inscrits à part entière dans la « logique du don [qui] n'exclut pas la justice et ne se juxtapose pas à elle dans un second temps et de l'extérieur » ;[42] en *étant*

[40] FRANÇOIS, Lett. Enc. *Laudato si'* (24 mai 2015), 16.

[41] PAUL VI, Lett. Enc. *Populorum progressio* (26 mars 1967), 20.

[42] BENOÎT XVI, Lett. Enc. *Caritas in veritate* (29 juin 2009), 34.

don, les consacrés apportent leur véritable contribution au développement économique, social et politique qui, « s'il veut être authentiquement humain », doit « prendre en considération le *principe de gratuité* comme expression de la fraternité [...] Le don par sa nature surpasse le mérite, sa règle est la surabondance ».[43] La surabondance échappe aux paramètres de l'entreprise : elle est la mesure de la charité ! Les dons charismatiques, en effet, « incitent les fidèles, en pleine liberté et de manière adaptée aux temps, à répondre au don du salut, en faisant d'eux-mêmes un don d'amour pour les autres et en rendant un témoignage authentique à l'Évangile devant tous les hommes ».[44] En effet, « dans la logique de l'Évangile, si l'on ne donne pas tout, on ne donne jamais assez ».[45]

17. La vie consacrée doit se libérer du paradigme technocratique en exerçant pleinement sa liberté qui « est capable de limiter la

[43] *Ibid.*

[44] Congrégation pour la Doctrine de la Foi, Lett. *Iuvenescit Ecclesia* sur la relation entre les dons hiérarchiques et charismatiques pour la vie et la mission de l'Église, Rome (15 mai 2016), 15.

[45] François, *Discours aux participants à la rencontre « Économie de communion », organisée par le mouvement des Focolari,* Rome (4 février 2017).

technique, de l'orienter, comme de la mettre au service d'un autre type de progrès, plus sain, plus humain, plus social, plus intégral ».[46]

Une conversion écologique, qui engage les individus et les communautés, est demandée à tous : « On répond aux problèmes sociaux par des réseaux communautaires, non par la simple somme de biens individuels. [...] La conversion écologique requise pour créer un dynamisme de changement durable est aussi une conversion communautaire ».[47] En tant que fraternité de vie consacrée, nous sommes appelés à faire nôtre cette invitation et à mettre en mouvement la nouveauté de vie qui est présente dans nos charismes. Aujourd'hui encore en faisant croître les capacités particulières que Dieu a données à chacun, nous sommes invités à développer la créativité et l'enthousiasme, afin de résoudre les drames du monde, nous offrant à Dieu *en sacrifice vivant, saint, capable de plaire à Dieu* (*Rm* 12,1).[48]

Formation à la dimension économique

18. Dans la perspective d'une conversion de la mentalité et de la pratique économique et de gestion, « repenser l'économie de-

[46] FRANÇOIS, Lett. Enc. *Laudato si'* (24 mai 2015), 112.
[47] *Ibid.*, 219.
[48] Cf. *Ibid.*, 220.

mande des compétences et des capacités spécifiques [...] c'est une dynamique qui concerne la vie de tous et de chacun. Ce n'est pas une tâche que l'on peut déléguer à quelqu'un, mais cela investit la responsabilité pleine de chaque personne».[49]

Tous les membres des Instituts de vie consacrée et des Sociétés de vie apostolique doivent sentir qu'il est de leur responsabilité d'accorder la plus grande attention à ce que l'administration des ressources économiques soit toujours, de manière réaliste, au service des fins qui expriment leur propre charisme.

La complexité croissante dans l'administration des biens a accentué une tendance à la déresponsabilisation et à assigner ou à déléguer ces thématiques à quelques-uns seulement, quand ce n'est pas carrément à une seule personne; cela a généré de la négligence à l'égard de l'économie au sein des communautés; cela a favorisé une perte de contact avec le coût de la vie et les efforts de gestion et a induit le risque d'une dichotomie entre économie et mission.[50]

[49] FRANÇOIS, *Message aux participants au second Symposium international sur le thème: «Dans la fidélité au charisme, repenser l'économie des Instituts de vie consacrée et des Sociétés de vie apostolique»*, Rome (25 novembre 2016).

[50] Cf. CONGRÉGATION POUR LES INSTITUTS DE VIE CONSACRÉE ET LES SOCIÉTÉS DE VIE APOSTOLIQUE, Lett. circ.

La formation à la *dimension économique* part du partage des motivations humaines, éthiques et morales du service, pour parvenir à la redécouverte de la dimension évangélique de l'économie, pour gérer les structures économiques selon les principes de la gratuité, de la fraternité et de la justice, et pour vivre la logique du don, en apportant ainsi une véritable contribution au développement économique, social et politique de la société et de l'Église elle-même.[51]

19. La formation aide « à entrer dans un processus résolu de discernement, de purification et de réforme » [52] dans le concret de la situation particulière. Engager des processus de formation à la dimension économique signifie accompagner le changement, en ravivant la nécessité de se tourner vers le Seigneur Jésus, y compris dans le domaine de l'économie, pour être « témoin d'une manière différente de faire, d'agir et de vivre ».[53]

Lignes d'orientation pour la gestion des biens dans les Instituts de vie consacrée et dans les Sociétés de vie apostolique, Rome (2 août 2014), 3.

[51] Cf. *Ibid.*, 5.

[52] FRANÇOIS, Ex. Ap. *Evangelii gaudium* (24 novembre 2013), 30.

[53] A. SPADARO, *« Réveillez le monde! ». Entretien du pape François avec les Supérieurs généraux,* in : *La Civiltà Cattolica,* 165 (2014/I), 5.

Dans ce but, une préparation adéquate à la lumière de la Doctrine sociale de l'Église sera nécessaire. En effet, « en se mettant totalement au service du mystère de la charité du Christ envers l'homme et envers le monde, les religieux anticipent et manifestent par leur vie certains traits de l'humanité nouvelle que la doctrine sociale veut promouvoir ».[54]

Dans l'encyclique *Laudato si'*, le pape François a exhorté afin que, dans les séminaires et dans les maisons religieuses de formation, « on éduque à une austérité responsable, à la contemplation reconnaissante du monde, à la protection de la fragilité des pauvres et de l'environnement ».[55]

Cela implique de vivre une spiritualité incarnée, qui considère la réalité comme le lieu de la manifestation et de la rencontre avec Dieu et développe une attitude contemplative en mesure d'écouter sa voix dans la vie concrète, pour découvrir son visage dans toutes les personnes, en particulier dans celles qui sont le plus désavantagées. Une spiritualité qui n'admette ni dichotomie ni réduc-

[54] CONSEIL PONTIFICAL « JUSTICE ET PAIX », *Compendium de la doctrine sociale de l'Église*, Rome (2 avril 2004), 540.

[55] FRANÇOIS, Lett. Enc. *Laudato si'* (24 mai 2015), 214.

tionnisme;[56] l'histoire, la vie quotidienne sont l'espace sacré où la Parole se révèle, interpelle et transfigure la réalité.

Le processus de formation, en proposant une spiritualité incarnée, éduque à voir la réalité du point de vue des pauvres, à développer une compassion efficace envers eux, à prendre sur soi leur souffrance et à s'engager à promouvoir la justice, la paix et l'intégrité de la création.

La formation à la dimension économique, dans la ligne du charisme propre, est fondamentale afin que les choix dans la mission puissent être innovateurs et prophétiques.

Urgence de donner des visages à la prophétie

20. « Le prophète – affirme le pape François dans la *Lettre apostolique aux consacrés* – reçoit de Dieu la capacité de scruter l'histoire dans laquelle il vit et d'interpréter les événements : il est comme une sentinelle qui veille pendant la nuit et qui sait quand arrive

[56] Cf. CONGRÉGATION POUR LES INSTITUTS DE VIE CONSACRÉE ET LES SOCIÉTÉS DE VIE APOSTOLIQUE, *Directives sur la formation dans les Instituts religieux*, Rome (2 février 1990), 17.

l'aurore (cf. *Is* 21,11-12) ».[57] En découlent des responsabilités concrètes à l'égard de notre environnement social et économique. « Avec les incertitudes actuelles, dans une société capable de mobiliser des moyens importants, mais où la réflexion au plan culturel et moral reste inadéquate quant à leur utilisation pour réaliser des objectifs appropriés », les consacrés doivent sentir l'urgence de donner des visages à la prophétie, qui nous invite « à ne pas renoncer et surtout à construire un avenir de sens pour les générations futures. Il ne faut pas avoir peur de proposer des nouveautés ». En effet, « il est possible, grâce à un engagement d'imagination *communautaire*, de transformer non seulement les institutions, mais aussi les styles de vie, et de susciter un avenir meilleur pour tous les peuples ».[58]

21. Certains Instituts de vie consacrée et Sociétés de vie apostolique mettent en œuvre des initiatives, dans le domaine de leurs cadres législatifs respectifs, qui peuvent utile-

[57] François, *Lettre Apostolique* à tous les consacrés à l'occasion de l'année de la vie consacrée, Rome (23 novembre 2014), 2.

[58] Conseil Pontifical « Justice et Paix », Note *Pour une réforme du système financier et monétaire international dans la perspective d'une autorité publique à compétence universelle*, Rome (24 octobre 2011).

ment faire l'objet de réflexion et de considération: des laboratoires de créativité de la charité et, en même temps, de recherche afin de distinguer de nouveaux projets soutenus par des garanties normatives. Il s'agit, dans les contextes d'insertion, d'engager une confrontation entre les Instituts et les Sociétés pour étudier, avec la collaboration d'experts, quel cadre juridique peut mieux protéger et promouvoir l'efficacité de leurs services.

On assiste aujourd'hui à une accélération dans le changement des lois, qui induit une incertitude et qui, inévitablement, a une incidence sur la situation déjà précaire de certaines œuvres. Il s'agit de renforcer les liens avec ces centres – y compris académiques – qui assurent la surveillance législative et qui en prévoient les effets ou les impacts à moyen et long terme sur les activités gérées par les Instituts. En outre, il serait souhaitable que l'on valorise ultérieurement les instances de collaboration avec les organismes respectifs des Conférences épiscopales qui coordonnent les catégories de services (œuvres éducatives, activités sanitaires, socio-sanitaires et d'assistance sociale). Dans cette ligne, l'activation de tables de confrontation permanentes favoriserait la compréhension pour établir aussi une plateforme commune devant les Autorités civiles.

II.

LE REGARD DE DIEU : CHARISME ET MISSION

Tension vers le Royaume futur

22. La tension eschatologique qualifie la vie consacrée et, en même temps, elle en représente le dynamisme, qui s'exprime dans la mission : « *Viens, Seigneur Jésus !* (*Ap* 22,20) Cette attente est tout autre que passive : tout en se tournant vers le Royaume à venir, elle se traduit par le travail et la mission [...] afin que le Royaume s'affermisse et progresse ici et maintenant. [...] La vie consacrée est au service du rayonnement définitif de la gloire divine, lorsque toute chair verra le salut de Dieu ».[1] La supplication : *Viens, Seigneur Jésus !* est toujours unie à l'invocation : *Que ton règne vienne* (*Mt* 6,10).[2] Présent et éternité ne sont plus l'un après l'autre, mais intimement liés, la foi « attire l'avenir dans le présent, au point

[1] JEAN-PAUL II, Ex. Ap. post-synodale *Vita consecrata* (25 mars 1996), 27.

[2] Cf. *Ibid.*

que le premier n'est plus le pur "pas-encore". Le fait que cet avenir existe change le présent; le présent est touché par la réalité future, et ainsi les biens à venir se déversent sur les biens présents et les biens présents sur les biens à venir ».[3]

La relation entre charisme et vision d'avenir est donc constitutive de la mission même des Instituts de vie consacrée et des Sociétés de vie apostolique,[4] qui sont appelés à vivre leur charisme dans l'« attente des choses futures à partir d'un présent déjà donné ».[5] Élaborer une vision d'avenir, même dans les aspects de gestion des œuvres, est de la responsabilité de chaque Institut, un engagement à une forme de pensée croyante en fonction de l'affirmation de la présence du Royaume ici et maintenant; c'est un processus de discernement ecclésial dont les œuvres sont le lieu de la médiation.

23. Par conséquent, les œuvres ne doivent pas être identifiées à la mission: elles constituent la modalité par laquelle la mission

[3] BENOÎT XVI, Lett. Enc. *Spe salvi* (30 novembre 2007), 7.

[4] Cf. JEAN-PAUL II, Ex. Ap. post-synodale *Vita consecrata* (25 mars 1996), 27.

[5] BENOÎT XVI, Lett. Enc. *Spe salvi* (30 novembre 2007), 9.

se rend visible, elles la présupposent mais elles ne l'épuisent pas et ne la définissent pas. Quand cela se produit – comme cela a pu arriver dans le passé – le résultat paradoxal est que l'on n'offre pas d'avenir aux œuvres. Les œuvres peuvent changer, tandis que la mission reste fidèle à l'intuition charismatique initiale, en s'incarnant dans l'aujourd'hui: la mission doit s'intégrer dans le chemin du peuple de Dieu dans l'histoire[6] et celui qui œuvre pour une mission d'Église doit la réaliser en restant attentif à la voix de l'Esprit. À ces conditions, on récupère la capacité d'ouvrir à l'avenir le charisme et les œuvres qui l'expriment. Autrement, même les œuvres les plus innovatrices risquent d'apporter des réponses immédiates, sans doute efficaces, mais non ouvertes à la prophétie et, en fin de compte, moins évangéliques.

En effet, la mission contient de manière indissoluble la *sequela Christi* et le service des petits et des pauvres. Née d'une expérience particulière de l'Esprit, qui représente dans l'Église un aspect du mystère du Christ et approfondit cette expérience, une mission authentique doit garder une dimension mystique. S'il se produisait un décollement entre

[6] Cf. FRANÇOIS, Ex. Ap. *Evangelii gaudium* (24 novembre 2013), 130 et *infra.*

la mission charismatique et les œuvres, celles-ci seraient l'image d'un professionnalisme, de capacités, mais resteraient privées d'une vie véritable, d'amour et de profondeur.

Les paroles du pape François, à ce propos, sont visionnaires; elles invitent à une compréhension du témoignage personnel et collectif du charisme compris comme jeter un coup d'œil au-delà, voir et lire ensemble ce qui se passe, avec le regard de Dieu: « C'est uniquement dans le regard de Dieu qu'il y a un avenir pour nous. Nous avons besoin de quelqu'un qui, connaissant l'ampleur du champ de Dieu plus que l'étroitesse de son propre jardin, nous garantisse que ce à quoi aspirent nos cœurs n'est pas une vaine promesse ».[7]

Le regard au-delà: le discernement

24. La confrontation du charisme avec l'histoire entraîne au discernement et permet de regarder avec le regard de Dieu; c'est un don de savoir regarder avec des yeux différents, capables de voir ce que d'autres ne voient pas. Les charismes permettent de voir des capacités là où les autres n'entrevoient que des inadéquations.

[7] FRANÇOIS, *Discours à la réunion de la Congrégation pour les Évêques*, Rome (27 février 2014), 1.

Le discernement fait travailler cette capacité à connaître l'amplitude du champ de Dieu, évite que les petites choses – le *jardin étroit* dont parle le pape François – deviennent absolues et que les grandes ne finissent par devenir relatives ou carrément inexistantes. Le regard traduit donc une certaine perception de l'histoire qui sait conjuguer les questions émergentes de l'expérience humaine, économique et de gestion à l'intérieur de la question la plus fondamentale de la foi. À ce propos, l'affirmation d'*Evangelii gaudium*: « Souvenons-nous qu'il ne faut jamais *répondre à des questions que personne ne se pose* »[8] est lapidaire.

En outre, on pressent l'exigence que « les habitudes, les styles, les horaires, le langage et toute structure ecclésiale devienne un canal adéquat pour l'évangélisation du monde actuel, plus que pour l'auto-préservation ».[9] Un critère incontournable aussi dans la manière d'administrer et de gérer les biens de l'Institut, qui semble parfois cristalliser des individualismes de rôle et leurs visions respectives, et ne pas rester ouvert au dépassement de pratiques inefficaces et d'orientations désormais obsolètes.

[8] FRANÇOIS, Ex. Ap. *Evangelii gaudium* (24 novembre 2013), 155.

[9] *Ibid.*, 27.

25. Le *regard au-delà* demande de distinguer un dessein, à savoir une expérience spirituelle et ecclésiale qui prend forme par étapes et se traduit en termes concrets, en action. Non pas une vision a priori qui fait référence à un cadre d'idées et à des concepts, mais un vécu qui fait référence à des temps, des lieux et des personnes (comme le demande Saint Ignace de Loyola) et donc pas à des abstractions idéologiques. Une vision d'avenir, donc, qui ne s'impose pas à l'histoire en cherchant à l'organiser selon ses propres références, mais qui dialogue avec la réalité, s'insère dans l'histoire des hommes et se déroule dans le temps. C'est une route à emprunter. Un chemin qui s'ouvre quand on marche.

La vision ouverte signifie, en même temps, se laisser *re-garder* par la réalité qui nous entoure, se laisser interroger par elle, et se regarder à travers ses instances. Cela permet à la vie consacrée, dans ses options de mission et de gestion des œuvres, de fixer son regard sur l'essentiel.

L'Esprit-Saint, source pérenne de tout charisme, est communion d'amour entre le Père et le Fils. Celle-ci se décline dans un double mouvement de l'Esprit, *ad intra* et *ad extra*: dialogue et relation entre le Père et le Fils, présence de l'Amour de Dieu dans l'histoire.

Cette dynamique devient le moteur de la vie consacrée: revenir tous les jours à la nouveauté pérenne du charisme pour le rendre présent dans l'histoire. La relation avec l'histoire, par conséquent, devient nécessaire à la vitalité du charisme, qui est et demeure efficace dans la mesure où il fait sienne cette vie de relation intrinsèque. La personne consacrée porte donc dans la société qui change l'Amour qui ne change pas.

La capacité à élaborer des projets

26. La capacité d'avenir d'un charisme se confronte à la rapidité et à la mondialisation des changements en acte (socio-économiques, politiques, législatifs) qui reçoivent une retombée évidente dans la complexité des problèmes à affronter, y compris la gestion. Dans cette perspective, il est difficile de prétendre à des décisions immédiates, il s'agit, de manière plus réaliste, de se demander ensemble quelles orientations peuvent être durables dans un avenir proche, pourvu qu'elles ne se limitent pas à notre *jardin étroit.* Le problème ne se limite pas à la continuité des œuvres qui expriment le charisme, mais à leur signification socio-ecclésiale qui se traduit en efficacité évangélique.

Dans cet objectif, il est urgent d'acquérir une mentalité de projet. Cela conduira à assumer avant tout une méthodologie et des instruments pour anticiper, définir et guider le changement et la croissance dans l'œuvre quotidienne, pour offrir aux personnes, aux communautés et aux œuvres la capacité de regarder au-delà, d'interpréter le monde et les exigences actuelles. Il s'agira donc de développer des stratégies et des techniques d'analyse, pour évaluer la faisabilité réelle d'une action, en acquérant et valorisant les connaissances de l'Institut sur les projets et le travail fait dans le passé, mais aussi en impliquant des experts extérieurs, cherchant à connaître les bonnes pratiques des autres Instituts, en unissant les compétences et les capacités pour travailler en réseau. La mentalité de projet part de l'expérience spirituelle et ecclésiale pour traduire dans le concret la vision d'avenir de l'Institut, à travers un plan de travail stratégique, qui emprunte des chemins partagés.

27. Des efforts supplémentaires sont nécessaires pour que le chemin entrepris pendant ces années rende plus visible la dimension charismatique dans la dimension opérationnelle et de gestion. Récemment, différents Instituts de vie consacrée et Sociétés de vie apostolique ayant une expérience consolidée ont élaboré des documents d'inspiration charismatique, qui jaillissent de la réalité vécue. Ils y ont proposé une relecture des standards législatifs et de gestion inhérents à leurs œuvres, à la lumière des éléments essentiels du charisme fondateur. Éléments qui se recomposent dans une vision organique, qui oriente les questions économiques, de gestion et financières des services. Un tel projet se décline aussi, comme nous le savons, selon certains indicateurs fondamentaux qui interprètent le charisme lui-même. À titre d'exemple, sont mentionnés les indicateurs relatifs à la vérification de la diaconie de la charité vécue dans un témoignage cohérent des valeurs du charisme de l'Institut et les indicateurs inhérents à l'évaluation des objectifs et des résultats attendus. Les documents mentionnés ci-dessus – souvent le fruit d'une rédaction patiente et laborieuse – pourraient aussi être adoptés par d'autres Familles de vie consacrée. Le partage d'expériences et de savoirs est la prémisse féconde de processus de discernement sur la réorganisation des œuvres pour « sauvegarder le sens du charisme propre ».[10]

[10] Jean-Paul II, Ex. Ap. post-synodale *Vita consecrata* (25 mars 1996), 63.

Charismes : la signification ecclésiale

28. Dans la perspective d'une vision d'avenir, la signification est avant tout l'expression de l'ecclésialité du charisme, dimension fortement soulignée par le pape François : les charismes « sont des dons pour renouveler et édifier l'Église. Ils ne sont pas un patrimoine fermé, livré à un groupe pour qu'il le garde ; il s'agit plutôt de cadeaux de l'Esprit intégrés au corps ecclésial [...]. Un signe clair de l'authenticité d'un charisme est son ecclésialité, sa capacité de s'intégrer harmonieusement dans la vie du peuple saint de Dieu, pour le bien de tous. [...] Plus un charisme tournera son regard vers le cœur de l'Évangile plus son exercice sera ecclésial ».[11]

Deux aspects méritent d'être soulignés. Les charismes ne sont pas un patrimoine fermé ; un signe authentique de leur ecclésialité est la « capacité à s'intégrer harmonieusement dans la vie du Peuple saint de Dieu ».[12]

Maintenir vivants les charismes implique de veiller sur l'ecclésialité du don : un charisme se renouvelle dans le temps pour pouvoir contribuer à l'édification de l'Église ![13]

[11] FRANÇOIS, Ex. Ap. *Evangelii gaudium* (24 novembre 2013), 130.

[12] *Ibid.*

[13] Cf. *Ibid.*, 130-131.

29. « La mission de la vie consacrée est universelle et celle de nombreux Instituts embrasse le monde entier, toutefois elle est aussi incarnée dans des réalités locales spécifiques ».[14] En effet, les biens des Instituts de vie consacrée et des Sociétés de vie apostolique ne reçoivent pas seulement leur signification à l'intérieur d'une interaction avec l'Église locale, mais plutôt leur destination est ouverte aux dimensions de l'universalité de la mission de l'Église : de l'attention à toutes les formes de pauvreté, aux projets de solidarité sur les territoires de mission et notamment la formation de leurs candidats et le soin des personnes âgées.

La vie consacrée fait néanmoins partie de plein droit de la famille diocésaine.[15] Pour cette raison, une juste autonomie – que les Ordinaires des lieux ont le devoir de conserver et de protéger (cf. can. 586 § 2) – ne peut

[14] Congrégation pour les Instituts de vie consacrée et les Sociétés de vie apostolique, Lett. circ. *Lignes d'orientation pour la gestion des biens dans les Instituts de vie consacrée et dans les Sociétés de vie apostolique*, Rome (2 août 2014), 16, 2.1.

[15] Cf. Sacrée Congrégation pour les Religieux et les Instituts séculiers - Sacrée Congrégation pour les Évêques, Critères de direction sur les relations entre les évêques et les religieux dans l'Église *Mutue relationes*, Rome (14 mai 1978), 18.

ignorer le plan pastoral diocésain ni éluder la consultation préalable de l'évêque avant de procéder à la fermeture d'œuvres. « Il est aujourd'hui plus que jamais nécessaire de vivre la juste autonomie et l'exemption, dans les instituts qui en jouissent, en étroite relation avec l'insertion, de manière telle que la liberté charismatique et la catholicité de la vie consacrée s'expriment également dans le contexte de l'Église particulière. Celle-ci ne répondrait pas pleinement à ce que Jésus a désiré pour son Église, si elle était privée de la vie consacrée, qui fait partie de sa structure essentielle, de la même manière que le laïcat ou que le ministère ordonné. C'est pour cette raison que, à la lumière du Concile Vatican II, nous parlons aujourd'hui de *cœssentialité* des dons hiérarchiques et des dons charismatiques (cf. *Lumen gentium*, n. 4), qui proviennent de l'unique Esprit de Dieu et alimentent la vie de l'Église et son action missionnaire ».[16]

[16] FRANÇOIS, *Discours aux participants au Congrès international pour les Vicaires apostoliques et les Délégués pour la vie consacrée*, Rome (28 octobre 2016), 1 ; cf. CONGRÉGATION POUR LA DOCTRINE DE LA FOI, Lett. *Iuvenescit Ecclesia* sur la relation entre les dons hiérarchiques et charismatiques pour la vie et la mission de l'Église, Rome (15 mai 2016), 10.

30. Les évêques diocésains, pour leur part, sont appelés à apprécier les personnes consacrées comme « *mémoire vivante de la façon d'exister et d'agir de Jésus* »,[17] en dépassant une évaluation en termes d'utilité et de fonctionnalité ; en parvenant à une meilleure compréhension de l'universalité du service des consacrés, hommes et femmes, et à la croissance de la collaboration mutuelle. « Les Pasteurs sont appelés à respecter, sans manipuler, le caractère pluridimensionnel qui constitue l'Église et à travers lequel l'Église se manifeste ».[18]

Il est indispensable de partir d'une perspective théologique de communion pour comprendre pleinement l'ouverture à l'Église universelle et, en même temps, le besoin et l'engagement à collaborer avec l'Église locale. Quand la communion n'est pas le fondement de toutes les relations ecclésiales, on risque de tomber dans une logique de revendications réciproques. Il est nécessaire, par conséquent, de promouvoir des relations fondées sur le principe de la communion, qui se base sur la *fraternité* et sur le *faire ensemble.*

[17] Jean-Paul II, Ex. Ap. post-synodale *Vita consecrata* (25 mars 1996), 22.

[18] François, *Discours aux participants au Congrès international pour les Vicaires apostoliques et les Délégués pour la vie consacrée*, Rome (28 octobre 2016), 1.

Charismes : capacité de s'intégrer

31. Le mot-clé qui, mieux que tout autre, exprime l'authenticité de la vie consacrée pour l'édification de l'Église est : fraternité. En effet, les charismes manifestent leur authenticité évangélique dans la fraternité et à l'intérieur de nos fraternités. La Doctrine sociale de l'Église invite avec insistance à trouver les façons d'appliquer, dans la pratique, la fraternité comme principe de notre ordre économique. Là où d'autres lignes de pensée ne parlent que de solidarité, la Doctrine sociale de l'Église parle de fraternité, étant donné qu'une société fraternelle est aussi solidaire, tandis que le contraire n'est pas toujours vrai, comme tant d'expériences le confirment.

La fraternité est donc « un style de vie qui implique une capacité de cohabitation et de communion. Jésus nous a rappelé que nous avons Dieu comme Père commun, ce qui fait de nous des frères. L'amour fraternel ne peut être que gratuit, il ne peut jamais être une rétribution pour ce qu'un autre réalise ni une avance pour ce que nous espérons qu'il fera ».[19] En ce sens, « il faut reprendre conscience que nous avons besoin les uns des

[19] FRANÇOIS, Lett. Enc. *Laudato si'* (24 mai 2015), 228.

autres, que nous avons une responsabilité vis-à-vis des autres et du monde ».[20]

La responsabilité signifie entrer aussi dans la logique d'une nouvelle culture de gestion qui respecte et valorise les cadres de l'Église locale.

Une culture qui s'active à travers un dialogue partagé et l'élaboration de critères de protection et de promotion d'un patrimoine ecclésial qui va au-delà des biens immobiliers et inclut les expériences, les savoirs, les compétences, le professionnalisme qui ont qualifié le passé et le présent d'œuvres petites ou grandes; une histoire qui a interprété les nécessités et les besoins des Églises locales.

32. Aujourd'hui, il n'est plus permis de penser seul, comme si les problèmes générés par la gestion des œuvres étaient exclusivement un problème des Instituts de vie consacrée et des Sociétés de vie apostolique. On voit clairement ici une situation historiquement compréhensible : on a presque toujours raisonné en termes de « nos » œuvres et les Églises locales les ont considérées comme les « œuvres des Religieux ».

Dans le contexte ecclésial actuel, un véritable changement de mentalité est néces-

[20] *Ibid.*, 229.

saire : l'engagement à penser, en lien avec d'autres sujets ecclésiaux, à des solutions possibles qui garantissent la signification ecclésiale de nos œuvres, au-delà du problème concret d'une continuité dans la gestion. Il s'ensuit que le chemin de conversion est un itinéraire de communion. L'avenir des œuvres nous concerne en tant qu'Église et doit être affronté en tant qu'Église.

La capacité de s'intégrer à l'Église est à l'origine même des œuvres qui ne sont pas nées pour répondre à des projets éloignés des besoins des gens. Le problème de l'intégration, aujourd'hui, se traduit dans le *faire ensemble*: « Celle-ci encourage à collaborer, à partager, à préparer la voie pour des relations régies par un sens commun de la responsabilité. Cette piste ouvre la voie à de nouvelles stratégies, à de nouveaux styles, de nouveaux comportements. [...] "Faire ensemble" signifie, en effet, configurer le travail non pas sur la base du génie solitaire d'un individu, mais sur la collaboration de beaucoup. Cela signifie, en d'autres termes, "se mettre en réseau" pour valoriser les dons de tous, sans toutefois négliger l'unicité inimitable de chacun. [...] faire des pas courageux afin que "se trouver et faire ensemble" ne soit pas un *slogan*, mais un programme pour le présent et pour l'avenir».[21] Cette invitation à la collaboration vaut aussi pour les Instituts de vie consacrée et les Sociétés de vie apostolique qui sont sollicités à «sortir avec plus de courage des frontières de son propre Institut, pour élaborer ensemble, au niveau local et global, des projets communs de formation, d'évangélisation, d'interventions sociales».[22]

33. *Faire ensemble* comporte aussi une coordination et un partage au niveau du projet et de la gestion, de la mentalité, de la culture et de la pratique qui, s'ils étaient réalisés sérieusement, pourraient garantir la continuité à un bon nombre d'œuvres, leur efficacité évangélique et leur durabilité économique. L'efficacité témoigne de l'Évangile de la charité; la durabilité d'une Église qui crée un réseau de solidarité pour promouvoir la qualité et la fiabilité des services.

Un réseau de solidarité qui se soutient non seulement grâce à la qualification de l'offre mais surtout grâce à la fiabilité. C'est un patrimoine de valeurs où se conjuguent: la *cré-*

[21] FRANÇOIS, *Discours aux entrepreneurs réunis dans Confindustria*, Rome (27 février 2016).

[22] FRANÇOIS, *Lettre apostolique* à tous les consacrés à l'occasion de l'Année de la vie consacrée, Rome (23 novembre 2014), 2.

dibilité, la cohésion et la cohérence d'une vision dans le projet et dans la gestion ; le *professionnalisme*, attentif et ouvert à l'apprentissage et pas seulement à l'efficacité-efficience ; l'*expérience*, liée aussi à la continuité temporelle, mais surtout à l'innovation et à la créativité.

La fiabilité redessine la hiérarchie des préférences et par conséquent de la priorité de la reconnaissance et de la relation. Aujourd'hui, il faut investir davantage dans une culture de la relation ecclésiale, en étant conscient que la pluralité des sujets est impliquée dans nos situations plus que nous ne nous laissons impliquer par la réalité de l'insertion.

III.
DIMENSION ÉCONOMIQUE ET MISSION

La durabilité des œuvres

34. « Le défi urgent de sauvegarder notre maison commune inclut la préoccupation d'unir toute la famille humaine dans la recherche d'un développement durable et intégral, car nous savons que les choses peuvent changer ».[1] Dans le contexte historique actuel, les Instituts de vie consacrée et les Sociétés de vie apostolique acceptent les défis que lance notre temps, en distinguant des réponses prophétiques pour un développement économique et humain attentif et respectueux. Les besoins qui ont changé et les différents contextes culturels, sociaux et normatifs exigent souvent d'un côté l'abandon de modalités opérationnelles devenues inadéquates et de l'autre une approche audacieuse

[1] FRANÇOIS, Lett. Enc. *Laudato si'* (24 mai 2015), 13.

et créative pour « repenser les objectifs, les structures et le style ».[2]

Dans son message adressé aux participants du IIème Symposium organisé par la Congrégation pour les Instituts de vie consacrée et les Sociétés de vie apostolique, le pape François rappelait que « être fidèles nous engage à un discernement assidu afin que les œuvres, en cohérence avec les charismes, continuent d'être des instruments efficaces pour faire parvenir à beaucoup la tendresse de Dieu. [...] Être fidèle au charisme requiert souvent un acte de courage : il ne s'agit pas de tout vendre ni d'abandonner les œuvres mais de faire un discernement sérieux [...] le discernement pourra suggérer de maintenir en vie une œuvre qui produit des pertes mais en étant bien attentifs à ce que celles-ci ne soient pas générées par l'incapacité ou la maladresse ».[3]

Pour évaluer la durabilité des œuvres, il est nécessaire d'adopter une méthode qui considère tous les aspects et toutes les interrelations possibles en tenant donc compte, en-

[2] FRANÇOIS, Ex. Ap. *Evangelii gaudium* (24 novembre 2013), 33.

[3] FRANÇOIS, *Message aux participants au second Symposium international sur le thème : « Dans la fidélité au charisme, repenser l'économie des Instituts de vie consacrée et des Sociétés de vie apostolique »*, Rome (25 novembre 2016).

semble, des dimensions charismatique, relationnelle et économique d'une part de chacune des œuvres et, d'autre part, de l'ensemble de l'Institut.

35. *Dimension charismatique et capacité à élaborer des projets.* « Il devient nécessaire d'entreprendre une relecture de la mission en fonction du charisme, en vérifiant si l'identité charismatique des instances fondatrices émerge dans les caractéristiques des réponses opérationnelles [...] Il peut arriver en effet que l'on gère des œuvres qui ne sont plus en ligne avec l'expression actuelle de la mission, et des immeubles qui ne sont plus fonctionnels pour les œuvres qui expriment le charisme ».[4] Il faut définir quelles « œuvres et activités poursuivre, lesquelles éliminer ou modifier, sur quelles nouvelles frontières initier des parcours de développement et de témoignage de la mission répondant aux besoins d'aujourd'hui, dans une fidélité totale au charisme ».[5]

[4] Congrégation pour les Instituts de vie consacrée et les Sociétés de vie apostolique, Lett. circ. *Lignes d'orientation pour la gestion des biens dans les Instituts de vie consacrée et les Sociétés de vie apostolique,* Rome (2 août 2014), 8, 1.1.

[5] *Ibid.*

Il faut dépasser la mentalité qui considère comme antithétiques le projet et la planification des activités et des œuvres avec l'ouverture à la nouveauté de l'Esprit. Au contraire, un grand nombre des intuitions ne parviennent pas à voir le jour parce qu'elles ne sont pas soutenues par un projet et/ou une planification : les fins ne sont pas définies, les modalités de réalisation ne sont pas identifiées et la compatibilité économique et financière n'est pas vérifiée. Tout ceci risque de provoquer un décalage entre idéaux et réalités praticables, entre mission et économie, conduisant à formuler des jugements et des évaluations incorrects et à adopter des dispositions inefficaces.

La nécessité de faire des projets et de planifier ne peut en aucune façon être interprétée comme une réduction des idéaux, comme une entrave à la créativité, comme un manque de confiance dans la Providence. Là où, au contraire, la finalité charismatique est reconnue, l'économie se met au service de la prophétie dans un projet concret et efficace.

36. *Dimension relationnelle et fraternité.* Comme nous l'avons déjà dit, il est indispensable de redécouvrir une économie au visage humain, où l'homme et son véritable bien ne perdent jamais leur caractère central. L'attention à mettre au centre la dignité de chaque personne humaine et le bien commun[6] rappelle la nécessité de relations positives. Dans la richesse des relations, qui constituent la fraternité, les personnes consacrées expérimentent combien la mission est constituée de personnes disposées à partager leur vie et leur foi, à faire l'expérience de la communion et de la collaboration. Les relations fraternelles, fondées sur l'estime sincère et sur la confiance mutuelle, deviennent ainsi de précieuses ressources pour la gestion.

De cette manière, les œuvres seront gérées dans un esprit d'ouverture, de communion et de coresponsabilité, même lorsque le soin doit être confié à un petit nombre de consacrés, hommes et femmes. Dans certains cas, au contraire, elles sont confiées à la responsabilité de personnes individuelles, sans qu'il soit prévu pour celles-ci de moments systématiques de confrontation et de vérification. Cela peut conduire à une personnalisation de la gestion, même involontaire, sur la base de leurs propres talents, de leur particularité et de leur sensibilité, ce qui limite ainsi la recherche de modalités de réponse aux diffé-

[6] Cf. FRANÇOIS, Ex. Ap. *Evangelii gaudium* (24 novembre 2013), 203.

rentes situations concrètes. Il arrive souvent que l'on ne se préoccupe pas de la formation de personnes susceptibles de prendre la succession et de donner à l'œuvre sa juste continuité.

Le projet et/ou la planification, qui part d'une écoute réciproque, permet une vision d'ensemble sur les œuvres et sur les réponses aux besoins, offre la possibilité de dépasser les risques d'autoréférence, de dépasser les divisions et les différences, en cherchant des solutions avantageuses, enrichissantes pour tous et partagées. Il s'agit de se dissocier de l'*homo oeconomicus*, insatiable dans son désir des biens, dont les choix sont déterminés par la maximalisation de son intérêt personnel et de relancer le défi de l'*homo fraternus*, qui ne se lasse jamais de choisir la fraternité.[7]

37. *Charismes et dimension économique.* L'équilibre économique et financier des activités des Instituts de vie consacrée et des Sociétés de vie apostolique ne peut être l'unique critère dont tenir compte pour un discernement sur la durabilité des œuvres. Toutefois, il est nécessaire de se souvenir qu'entre charisme et gestion des biens, il n'y a pas de contradiction ; gérer selon des critères écono-

[7] Cf. *Ibid.*, 91.

miques n'étouffe pas le charisme, mais permet au contraire de poursuivre et de réaliser des objectifs partagés. Assurer continuité et vitalité au charisme implique de ne pas agir avec superficialité et impéritie. L'expérience du Dicastère montre que lorsqu'on n'accorde pas suffisamment d'attention aux problèmes liés à la gestion, ceux-ci finissent par rendre la mission vaine.

La vie consacrée offre au monde un témoignage évangélique quand elle maintient vivante l'inspiration apostolique et garantit la durabilité des œuvres à travers une gestion de celles-ci consciente et équilibrée.

Le patrimoine stable

38. Pour des raisons de gestion ordonnée et prévoyante il convient de procéder à une reconnaissance générale des biens de l'Institut, de ne pas éluder les normes dictées par le droit canonique destinées à garantir la subsistance de l'Institut et à faciliter la réalisation de ses fins institutionnelles (i.e.: *patrimoine stable*). D'où l'opportunité d'assumer sans tarder des initiatives adéquates pour l'inventaire des biens inscrits au patrimoine stable, et d'effectuer les actes formels d'assignation nécessaires, si cela n'a pas encore été fait.

À cette fin, le droit propre à chaque Institut est appelé à établir l'autorité compétente pour procéder à l'acte d'assignation par le biais d'une résolution. Cette prévision doit se trouver dans le code fondamental ou dans un autre document normatif de droit propre, avec le texte suivant ou un autre de la même teneur: *Le patrimoine stable est constitué de tous les biens immobiliers et mobiliers qui, par une légitime assignation, sont destinés à garantir la sécurité économique de l'Institut. Pour les biens de l'Institut tout entier, cette assignation est faite par le Chapitre général ou par le Supérieur général avec le consensus de son Conseil. Pour les biens d'une Province, comme pour les biens d'une maison légitimement érigée, cette assignation est faite par le Chapitre provincial ou par d'autres assemblées similaires (cf. can. 632), ou encore par le Supérieur provincial avec le consensus de son Conseil et confirmée par le Supérieur général.*

39. Le patrimoine stable composé de biens, immobiliers ou mobiliers, garantit la subsistance de l'Institut, des Provinces et des maisons légitimement érigées et de ses membres et assure la réalisation de sa mission. L'attribut stable se comprend comme une garantie qui ne peut ignorer la cohérence d'« une fin correspondant à la mission de l'Église» (can. 114 §§ 1 -2) et de la mission spécifique des Instituts de vie consacrée et des Sociétés de vie apostolique.[8]

Peuvent être légitimement assignés au patrimoine stable:

a) les biens immobiliers comme, par exemple les lieux de déroulement de l'activité, d'habitation de la communauté, d'assistance accordée aux membres âgés ou malades, les biens particulièrement importants du point de vue historique et artistique, ou ceux qui font partie des racines ou de la mémoire de l'Institut, comme la maison mère. L'ampleur de ces biens doit être proportionnée à la capacité de gestion de l'Institut, de la Province ou de la maison religieuse;

b) les biens immobiliers qui servent à la subsistance de l'Institut, de la Province ou de la maison religieuse. Il s'agit des fameux biens à revenu, constitués pour permettre à la personne juridique sa propre subsistance ou en ajout aux entrées ordinaires. Dans ces cas, il faut éviter d'une part que ces biens deviennent le motif pour lequel la personne juridique existe et, d'autre part, qu'ils s'accumulent;

[8] Cf. JEAN-PAUL II, Ex. Ap. post-synodale *Vita consecrata* (25 mars 1996), 4; 72.

c) les biens mobiliers qui servent à la subsistance de l'Institut, de la Province ou de la maison religieuse et à la réalisation de leurs finalités respectives. Ces biens sont immobilisés et légitimement assignés au patrimoine stable. Il ne s'agit pas de biens qui servent à la gestion économique ordinaire, mais de biens mobiliers capitalisés et investis dans les différentes formes du système financier, selon les indications du § 84;

d) les biens immobiliers et mobiliers qui, célèbres par leur histoire, leur caractère artistique et précieux, constituent les fameux biens culturels, mémoire historique de l'Institut, de la Province ou de la maison religieuse; ces biens peuvent représenter une dote, mais aussi un engagement économique par les exigences de conservation et de manutention;

e) le fonds de protection et de sécurité, à déterminer en proportion des œuvres de l'Institut, de la Province ou de la maison religieuse, nécessaire pour protéger l'Institut en présence d'activités articulées qui peuvent l'exposer à des risques économiques importants (i.e.: *fonds de sécurité*).

40. Dans le choix des biens à insérer dans le patrimoine stable, il faut considérer quels sont les biens sans lesquels la personne juridique n'aurait pas les moyens d'atteindre sa propre fin; de même qu'il faut proportionner l'entité de tels biens à la nature, aux fins et aux exigences de la personne juridique elle-même; tenir compte du fait que certains biens sont, par nature, indisponibles, sous peine de dissoudre la personne juridique elle-même, et qu'il n'est pas permis de procéder à l'assignation du patrimoine stable dans le seul but de se soustraire aux prescriptions de la loi canonique sur l'aliénation. La constitution de ce patrimoine, en effet, est destinée à la protection et à la garantie des biens eux-mêmes.

Pour une gestion correcte des biens assignés au patrimoine stable, il est nécessaire de rédiger un inventaire soigneux du patrimoine immobilier de l'Institut, de la Province ou de la maison religieuse, en spécifiant les données foncières, de la provenance des immeubles, de la présence d'obligations éventuelles, de la consistance des biens et de leur état de manutention; il est plus qu'opportun de réviser périodiquement les modalités de concession à des tiers des immeubles ou d'une partie de ceux-ci; il est utile de conserver sa liste des biens immobiliers et mobiliers qui sont célèbres pour leur histoire, leur caractère artistique ou précieux; enfin, il est toujours nécessaire de veiller à ce que la gestion des biens assignés au patrimoine stable continue d'être en ligne avec la mission de l'Institut, afin qu'il ne soit pas surchargé de patrimoines ou d'activités étrangers à ceux de l'institution. Dans cette ligne, stable n'est pas synonyme de blindé. L'inévitable accélération des systèmes économiques et financiers suggère de soumettre à une évaluation périodique (selon les cadences considérées comme les plus efficaces) les biens insérés dans le patrimoine.

Responsabilité, transparence et confiance

41. La responsabilité, la transparence et la sauvegarde de la confiance sont des principes inclusifs: on ne donne pas de responsabilité sans transparence, la transparence engendre la confiance, la confiance les éprouve l'une et l'autre.

La responsabilité est le principe de conscience qui oriente la mission d'évangélisation en rapport avec les biens de l'Église.

La conscience des facteurs en jeu pose les conditions essentielles pour accomplir des choix ciblés et éventuellement les perfectionner ou carrément les modifier radicalement. Surtout, un relevé comptable attentif et opportun des effets de la gestion permet d'adopter les interventions correctives nécessaires avant que ne se produisent des situations négatives irréversibles. Au contraire, un agir économique inadéquatement contrôlé gaspille les ressources, contredisant l'indication fondamentale de l'Église au sujet d'un usage des biens qui se souvienne de leur destination, en ultime instance, au bien commun qui « exige d'être servi pleinement, non pas selon des visions réductrices subordonnées aux avantages partisans que l'on peut en retirer, mais à partir d'une logique visant à prendre les responsabilités aussi largement que possible ».[9]

Avant tout, une responsabilité devant la communauté civile et ecclésiale, et surtout devant son propre Institut. Il s'agit donc d'une responsabilité qui concerne d'une part à qui l'on doit répondre et, de l'autre, la capacité de motiver avec cohérence ses propres options de gestion. De la responsabilité découle, notamment, l'exigence d'une vigilance et d'un contrôle. Ceux-ci ne doivent pas être compris comme une limite à l'autonomie des entités ou comme un manque de confiance, mais ils représentent un service de

[9] CONSEIL PONTIFICAL « JUSTICE ET PAIX », *Compendium de la doctrine sociale de l'Église*, Rome (2 avril 2004), 167.

la communion et de la transparence, et une protection à l'égard de ceux qui assument des tâches d'administration délicates.[10]

42. Dans le contexte de ce qui vient d'être exposé, le terme « transparence » veut identifier la capacité de rendre compte des activités, des choix opérés et des résultats atteints. Comptes rendus et bilans – qui sont des instruments de la transparence – permettent d'avoir un cadre synthétique, mais en même temps rigoureux, des activités et de leurs résultats, favorisant chez les administrateurs l'attitude à rendre compte de leur agir, de leurs choix et, plus généralement, de leur comportement. Rendre compte favorise, en outre, la prudence dans l'administration des biens. À une plus grande prise de conscience, en effet, correspond une plus grande précision dans l'identification des risques et, si c'est le cas, des nouvelles routes à emprunter.

Dans cette perspective, on peut bien comprendre la relation intrinsèque entre responsabilité et transparence. Cette mise en évidence ne concerne pas seulement les res-

[10] Cf. CONGRÉGATION POUR LES INSTITUTS DE VIE CONSACRÉE ET LES SOCIÉTÉS DE VIE APOSTOLIQUE, Lett. circ. *Lignes d'orientation pour la gestion des biens dans les Instituts de vie consacrée et dans les Sociétés de vie apostolique*, Rome (2 août 2014), 10, 1.2.

ponsabilités de rôle (supérieurs, économes-administrateurs, collaborateurs) mais, comme nous l'avons déjà souligné, la possibilité de vérifier les raisons/motivations qui orientent les choix d'administration/gestion et l'engagement correspondant pour donner une réponse aux problématiques ou aux situations critiques émergentes.

Les règles de transparence, comme c'est bien connu, sont imposées par les lois civiles avec une intensité croissante pour garantir la correction et la légalité de l'œuvre de tout sujet, ainsi que la durabilité économique des œuvres de l'Institut. Il faut ajouter que ces règles sont progressivement plus complexes et pénétrantes. C'est donc un devoir de se doter de compétences professionnelles et de procédures adéquates ; et ceci, pas seulement au niveau de chaque unité opérationnelle, mais lorsqu'il s'agit de structures articulées, au niveau national et international.

43. Comptes rendus et bilans contribuent à augmenter la crédibilité du sujet qui les met en œuvre et, par conséquent, aident à faire grandir la confiance. Et « sans règles, il ne peut y avoir de confiance »,[11] à savoir que

[11] Conseil Pontifical « Justice et Paix », *Note du Saint-Siège sur finance et développement à la veille de la Confé-*

la confiance est engendrée aussi par des règles qui distinguent la responsabilité et vérifient la transparence. Le capital de confiance ne peut être compromis par des situations ou des événements qui affaiblissent, dans la communauté civile et ecclésiale, la crédibilité des Instituts de vie consacrée et les Sociétés de vie apostolique; sans elle, le témoignage personnel et collectif lui-même de la pauvreté consacrée devient "problématique". En effet, une culture et une pratique de la transparence ne peuvent être disjointes de la fidélité à l'histoire et à la tradition charismatique propre quant au vœu de pauvreté ni d'une réglementation équilibrée sur la dépendance, la limite de l'usage et la disposition des biens (cf. can. 600). La relation entre reconnaissance de la confiance et adoption d'instruments de comptes rendus et de bilans se vérifie dans l'expérience commune: plus la transparence de la gestion grandit, plus la possibilité et la disponibilité de ressources privées comme publiques augmentent.

rence organisée par l'Assemblée générale des Nations Unies à Doha (18 novembre 2008), 3c.

Les archives

44. Le Code de droit canonique, aux canons 1283 et 1284, invite à une conservation ordonnée des archives et prescrit, aux fins d'une saine organisation administrative et comptable, la rédaction et la mise à jour constante de l'inventaire des biens et des valeurs reçus en consigne, un catalogage et une conservation attentifs des documents, en particulier des écritures comptables et des garanties contre les risques. Si elles sont bien gérées, les archives sont un instrument utile de vérification des initiatives entreprises à bref, moyen et long terme, c'est pourquoi il faut fixer les critères d'acquisition des actes, les ordonner de manière organique et les distinguer selon leur typologie. Il est nécessaire de redire à chaque administrateur des biens ecclésiastiques ses responsabilités par rapport à la conservation de la documentation conformément aux dispositions canoniques.

Les biens font l'objet d'un inventaire, y compris suite à une acquisition, construction ou donation ou tout autre acte ou affaire produisant l'entrée de biens dans le patrimoine, leur variation ou leur sortie. En particulier, il faut conserver tous les documents prouvant la propriété juridique des biens immobiliers et mobiliers. Le matériel documentaire propre d'un économat permet de connaître les procédures administratives d'un Institut, de prévoir une programmation adéquate, en tenant compte des ressources, de prouver les droits en cas de controverses, d'agir dans la transparence administrative, de conserver la mémoire historique et d'étudier la manière dont le charisme s'est réalisé dans le temps. À cet égard, dans le domaine des archives ecclésiastiques, il faut parfois encore acquérir, là où c'est possible, une mentalité gestionnaire cohérente conforme aux technologies modernes. S'appuyant sur ces technologies, il est en outre opportun de conserver dans un autre lieu protégé la copie des documents d'une valeur importante, afin de ne pas perdre toute la documentation en cas de sinistre.[12]

Les quatre principes d'*Evangelii gaudium*

45. À la lumière des critères que le pape François a offerts à toute l'Église dans l'exhortation apostolique *Evangelii gaudium*, on peut identifier quelques connotations inhérentes à une gestion inspirée des charismes

[12] Cf. COMMISSION PONTIFICALE POUR LES BIENS CULTURELS DE L'ÉGLISE, *La fonction pastorale des archives ecclésiastiques*, Cité du Vatican (2 février 1997).

des Instituts de vie consacrée et des Sociétés de vie apostolique, et « qui orientent spécifiquement le développement de la cohabitation sociale et la construction d'un peuple où les différences s'harmonisent dans un projet commun ».[13]

46. *Le temps est supérieur à l'espace.*[14] « Lancer des processus »,[15] rappelle souvent le Saint-Père. La vie consacrée est appelée à lancer des processus, est appelée à une nouvelle manière de faire des projets. « Pendant de nombreuses années, nous avons cru et nous avons grandi avec l'idée que les familles religieuses devaient occuper des espaces plutôt que de lancer des processus, et c'est une tentation. Nous devons lancer des processus, non occuper des espaces ».[16] Une première caractéristique de toutes les expressions qui naissent des charismes est qu'elles partent d'un mobile qui n'est pas d'abord économique, qui n'entend pas simplement occuper des espaces de pouvoir, mais qui naît comme

[13] FRANÇOIS, Ex. Ap. *Evangelii gaudium* (24 novembre 2013), 221.

[14] *Ibid.*, 225.

[15] FRANÇOIS, *Discours aux prêtres et aux consacrés à l'occasion de la Visite pastorale à Milan*, Milan (25 mars 2017).

[16] *Ibid.*

l'expression d'un idéal, d'un regard au-delà, capable de comprendre les besoins des hommes et des femmes, spécialement les plus petits et les plus fragiles et de les concrétiser par le biais d'une mentalité de projet. Si les charismes qui font irruption dans l'histoire représentent un processus de changement spirituel, humain, économique et civil, il faut noter que ce processus advient à travers les réalités qui émanent de tout charisme et qu'il prend du temps.

Il s'agit de privilégier et d'accompagner avec patience le début du processus, d'exercer son regard au-delà, avec des visions d'avenir indépendamment des résultats immédiats auxquels le sens de la responsabilité et les meilleures des intentions pourraient porter. « L'espace, souligne l'encyclique *Lumen fidei*, fossilise le cours des choses, le temps projette au contraire vers l'avenir et incite à marcher avec espérance ».[17]

47. *La réalité est plus importante que l'idée.*[18] « Aujourd'hui, la réalité nous interpelle, aujourd'hui la réalité nous invite à être de nouveau un peu de levain, un peu de sel.

[17] FRANÇOIS, Lett. Enc. *Lumen fidei* (29 juin 2013), 57.

[18] FRANÇOIS, Ex. Ap. *Evangelii gaudium* (24 novembre 2013), 231-233.

[...] Une minorité bénie, qui est invitée à "lever" de nouveau, à lever en harmonie avec ce que l'Esprit Saint a inspiré dans le cœur de vos fondateurs et dans vos cœurs à vous. Voilà ce qui est nécessaire aujourd'hui ».[19]

Le pape François répète avec force et efficacement la prévalence de la réalité. L'idée est le fruit d'une élaboration qui peut toujours risquer de tomber dans le sophisme, se détachant du réel. Parfois aussi dans nos Instituts nous risquons de formuler des propositions logiques et claires, des documents peut-être captivants, mais qui s'éloignent de notre réalité et des personnes auxquelles nous sommes envoyés. Parfois, en effet, nous nous laissons aveugler par la nouveauté des initiatives, des récipients et nous oublions que le changement le plus important dépend de nous et de notre volonté et capacité à le réaliser. La logique de l'incarnation (*1Jn* 4,2) est le critère guide de ce principe.

Les œuvres de nos Instituts naissent de l'écoute de Dieu pour répondre à des besoins de personnes concrètes, elles ne naissent pas de dessins abstraits autour d'une table, mais en tant que réponse concrète à des besoins de personnes réelles, desquelles nous

[19] FRANÇOIS, *Discours aux prêtres et aux consacrés à l'occasion de la Visite pastorale à Milan*, Milan (25 mars 2017).

connaissons la vie, l'histoire, les difficultés. En particulier, quand on relit les origines historiques des Instituts de vie consacrée et des Sociétés de vie apostolique, on saisit le lien presque indissociable entre l'inspiration du charisme et l'accueil des plus petits, des pauvres et des exclus.

La vie consacrée est appelée à répondre aujourd'hui encore aux questions que pose l'histoire. Et cela se produit souvent par des expériences simples : nous écoutons la vie, de laquelle naissent les intuitions et qui ont toujours un poids de vérité, pour lancer ensuite nos projets. C'est toujours la vie qui vient d'abord, c'est la vie qui est « écoutée et respectée », avec la marque de l'humilité.

48. *Le tout est supérieur à la partie.*[20] Nous sommes appelés à élargir notre regard pour reconnaître toujours le plus grand bien. La vie consacrée ne peut se replier sur elle-même, elle ne doit pas se laisser obséder par des questions limitées et particulières et doit reconnaître le bien plus grand qui sera profitable à tous.

Ce principe doit être compris selon l'image du polyèdre qui compose les différences. Celles-ci demandent d'être soutenues par

[20] *Ibid.*, 234-237.

une culture du dialogue comme parcours laborieux de recherche de l'intérêt général : nous sommes invités à retisser des liens et des rapports pour articuler ce qui n'est pas homogène à différents niveaux (du local au mondial) et dans les différents milieux (du matériel au spirituel). Cela comporte d'apprendre à travailler ensemble, entre communautés, entre Instituts et Congrégations, avec les laïcs et avec tous ceux qui recherchent le bien.

La vie consacrée peut aider les Églises locales à s'ouvrir au dynamisme de l'universalité et, en même temps, à s'ouvrir au souffle de l'Église locale où vit et se déroule son propre apostolat, évitant de tomber dans la tentation selon laquelle « la partie (notre petite partie ou vision du monde) pourrait être supérieure au tout ecclésial ».[21]

49. *L'unité prévaut sur le conflit, sur la diversité.*[22] Nous sommes appelés à accepter les conflits, à les prendre sur nous sans nous laver les mains, sans y rester piégés, pour les transformer en de nouveaux processus qui

[21] FRANÇOIS, *Discours aux prêtres et aux consacrés à l'occasion de la Visite pastorale à Milan*, Milan (25 mars 2017).

[22] FRANÇOIS, Ex. Ap. *Evangelii gaudium* (24 novembre 2013), 223-230.

envisagent la communion malgré les différences, qui doivent être accueillies comme telles. La « communion consiste aussi à affronter ensemble et unis les questions les plus importantes comme la vie, la famille, la paix, la lutte contre la pauvreté sous toutes ses formes, la liberté religieuse et d'éducation. En particulier, les mouvements et les communautés sont appelés à collaborer pour contribuer à soigner les blessures produites par une mentalité mondialisée qui met au centre la consommation, en oubliant Dieu et les valeurs essentielles de l'existence ».[23]

La solidarité, comprise dans sa signification la plus profonde et comme un défi, devient ainsi un style de construction de l'histoire, un environnement vital où les conflits, les tensions et les opposés peuvent rejoindre une unité multiforme qui génère une nouvelle vie. Cela ne signifie pas de viser le syncrétisme, ni l'absorption de l'un dans l'autre, mais la résolution sur un plan supérieur qui conserve en soi les précieuses potentialités de la polarité en opposition.

[23] FRANÇOIS, *Discours* aux participants au IIIème Congrès mondial des mouvements ecclésiaux et des nouvelles communautés, Rome (22 novembre 2014).

IV.
INDICATIONS OPÉRATIONNELLES

50. Dans l'administration des biens et dans la gestion des œuvres, le discernement « concerne la direction, les buts, la signification et les implications sociales et ecclésiales des choix économique des Instituts de vie consacrée ».[1] Dans cette perspective, les horizons de lecture de la réalité et quelques critères fondamentaux pour cette œuvre de discernement ont été identifiés.

Les grands horizons dans lesquels s'insèrent les activités économiques sont: une économie qui ait l'homme à l'esprit, tout l'homme et en particulier les pauvres, la lecture de l'économie en tant qu'instrument de l'action missionnaire de l'Église et, enfin, une économie évangélique de partage et de communion.

Ces horizons se concrétisent selon quelques critères fondamentaux.

[1] FRANÇOIS, *Message aux participants au second Symposium international sur le thème: « Dans la fidélité au charisme, repenser l'économie des Instituts de vie consacrée et des Sociétés de vie apostolique »*, Rome (25 novembre 2016).

51. *La fidélité à Dieu et à l'Évangile.* Toute vie consacrée met son primat en Dieu, dans la *sequela Christi.* Tout consacré, homme ou femme, doit avant tout se fixer sur lui, le contempler, apprendre de lui, l'imiter, le suivre, chaste, pauvre et obéissant, pour se faire l'annonciateur fidèle de la Bonne Nouvelle. C'est pourquoi « le don de l'écoute » est indispensable : « Le don de l'écoute : écoute de Dieu jusqu'à entendre avec Lui le cri du peuple ; écoute du peuple, jusqu'à y respirer la volonté à laquelle Dieu nous appelle ».[2]

La fidélité au charisme. Tout charisme « est toujours une réalité vivante » appelée à « se développer dans la fidélité créative ».[3] La fidélité au charisme est donc la cohérence des choix opérationnels dans un contexte déterminé avec les caractéristiques identitaires de l'Institut.

La pauvreté. Une « austérité responsable »,[4] « une saine humilité et une sobriété heureuse »[5] favorisent le détachement d'une

[2] FRANÇOIS, *Discours à l'occasion de la Veillée de prière en préparation au Synode sur la famille*, Rome (4 octobre 2014).

[3] FRANÇOIS, *Message aux participants au second Symposium international sur le thème : « Dans la fidélité au charisme, repenser l'économie des Instituts de vie consacrée et des Sociétés de vie apostolique »*, Rome (25 novembre 2016).

[4] *Ibid.*

[5] *Ibid.*

conception propriétaire des biens et génèrent une disponibilité spéciale à écouter « le cri des pauvres, des pauvres de toujours et des nouveaux pauvres ».[6]

Le respect de la nature ecclésiastique des biens. Les biens des Instituts de vie consacrée et des Sociétés de vie apostolique sont des biens ecclésiastiques (can. 634 § 1) destinés à la réalisation des fins propres de l'Église (can. 1254). Dans leur usage, les Instituts sont donc appelés à en sauvegarder la nature et à observer la discipline canonique correspondante.

La durabilité des œuvres. Les œuvres des Instituts ne sont pas étrangères au contexte social et économique de leur insertion. Une œuvre est donc durable quand elle maintient un juste équilibre économique et valorise de manière adéquate les ressources disponibles.

La nécessité de rendre compte. Rendre compte est une disposition à partager les choix, les actes et les résultats. La légitime autonomie des Instituts s'accompagne, par conséquent, de la responsabilité dans les choix de gestion et dans les modalités de leur mise en œuvre, rendant compte selon ce qui est établi dans le droit universel et propre.

[6] *Ibid.*

52. Dans les situations concrètes, les critères pour le discernement se déclinent avec les spécificités et les *saines traditions* de chaque Institut, et les particularités du *contexte juridique et social* respectif.

Les dimensions et les structures de l'organisation, la nature des activités, l'environnement territorial opérationnel, les disciplines législatives applicables et les modèles de relation entre l'État et l'Église sont des éléments qui distinguent entre eux, parfois de manière significative, les Instituts de vie consacrée et les Sociétés de vie apostolique. Par conséquent, il faut tenir compte de ces différences, non pas pour déroger aux critères fondamentaux, mais pour permettre que ces critères prennent une forme historique dans les différentes situations.

53. En ce qui concerne particulièrement la gestion des biens, les structures d'organisation des Instituts de vie consacrée et des Sociétés de vie apostolique revêtent une importance particulière. En effet, si les biens liés au fonctionnement de la vie des communautés sont d'ordinaire possédés par les Instituts, il existe des modèles très divers quand aux œuvres, souvent justifiés par les différentes modalités des rapports entre l'État et l'Église, par les particularités des secteurs d'activités, par les dimensions de l'activité. Ainsi, alors que, dans certains cas, les œuvres sont la propriété des Instituts de vie consacrée ou des Sociétés de vie apostolique, dans d'autres hypothèses, ceux-ci agissent en utilisant des entités juridiques distinctes, souvent organisées sous forme de fondation ou de société.

54. De même, on ne peut jamais ignorer l'application des *lois civiles* applicables aux Instituts de vie consacrée et aux Sociétés de vie apostolique et à leurs provinces, ou à des parties de l'Institut comparables à ces dernières (cf. can. 620). Le renvoi opéré par le droit canonique aux lois civiles qui règlementent les contrats (can. 1290) et, notamment, le recours à des instruments contractuels entre l'État et l'Église renforcent l'observance des lois civiles avec les mêmes effets dans le droit canonique (can. 22).

La nécessité de sauvegarder les critères fondamentaux et l'exigence de considérer les spécificités suggèrent des indications de fonctionnement en partie commune et en partie articulées, afin de respecter les caractéristiques particulières des contextes et des destinataires.

Le gouvernement de l'économie

55. Droit universel et droit particulier

En tant que biens ecclésiastiques, les biens temporels des Instituts de vie consacrée et des Sociétés de vie apostolique sont régis par les dispositions du Livre V, *Les biens temporels de l'Église*, à moins qu'il n'en soit expressément disposé autrement (cf. can. 635 § 1).

L'administration des biens temporels, outre que par le Livre V du code de droit canonique, est régie par les canons 634-640 pour les Instituts religieux, par le can. 718 pour les Instituts séculiers et par le can. 741 pour les Sociétés de vie apostolique.

Tous les Instituts de vie consacrée et les Sociétés de vie apostolique doivent établir des normes adaptées à l'usage et à l'administration des biens (cf. can. 635).

56. Pontife romain

« Le Pontife Romain, en vertu de sa primauté de gouvernement, est le suprême administrateur et dispensateur de tous les biens ecclésiastiques » (can. 1273) et exerce sur eux le pouvoir de juridiction qui lui est propre en tant que suprême autorité de l'Église. Ce pouvoir d'intervention trouve son fondement non pas dans la propriété des biens ecclésiastiques mais dans la fonction du souverain pontife qui est de pourvoir au gouvernement suprême de l'Église.[7]

57. Congrégation pour les Instituts de vie consacrée et les Sociétés de vie apostolique

La Congrégation pour les Instituts de vie consacrée et les Sociétés de vie apostolique « s'acquitte de toutes les tâches qui, selon le droit, reviennent au Saint-Siège sur la vie et l'activité des Instituts et des Sociétés, en particulier pour l'approbation des constitutions, le régime et l'apostolat, le choix et la formation des membres, leurs droits et obligations, la dispense des vœux et le renvoi des membres, ainsi que l'administration des biens ».[8]

Pour les aliénations et les actes dont la personne juridique publique pourrait subir un préjudice, la permission est demandée au Saint-Siège. La Congrégation pour les Instituts de vie consacrée et les Sociétés de vie apostolique, dans les cas prévus par le droit

[7] Cf. CONSEIL PONTIFICAL DES TEXTES LÉGISLATIFS, Note, *La fonction de l'autorité ecclésiastique sur les biens ecclésiastiques* (12 février 2004), in *Communicationes* 36 (2004), 24-32.

[8] JEAN-PAUL II, Const. Ap. *Pastor bonus* (28 juin 1988), 108 § 1.

(cf. can. 638 § 3), accorde la licence sans toutefois assumer les éventuelles responsabilités économiques. La licence garantit que l'acte « *est cohérent avec les finalités du patrimoine ecclésiastique.* La responsabilité qui découle de son intervention se réfère exclusivement à l'exercice droit du pouvoir de l'Église. *La licence, dont il s'agit maintenant, n'est donc pas un acte de domination patrimoniale, mais de pouvoir administratif* visant à garantir le bon usage des biens des personnes juridiques publiques dans l'Église ».[9]

La pratique du Dicastère est de recevoir, pour les Régions, la somme maximale fixée par les Conférences des évêques.

58. Chapitre général

Dans la vie consacrée, le gouvernement de l'économie est conforme au charisme, à la mission et au conseil de pauvreté. Les décisions de gestion pour garantir ces dimensions doivent garantir des formes adéquates de communion, évitant de déléguer les choix économiques uniquement à un groupe ou à une seule personne.

[9] Cf. CONSEIL PONTIFICAL DES TEXTES LÉGISLATIFS, Note, *La fonction de l'autorité ecclésiastique sur les biens ecclésiastiques* (12 février 2004), in *Communicationes* 36 (2004), 24-32.

Il revient au *Chapitre général*, qui « dans l'institut, détient l'autorité suprême selon les constitutions » (can. 631 § 1), d'établir les directions fondamentales en matière économique et administrative et d'élaborer un *plan charismatique* de l'Institut qui offre aussi des indications dans ce domaine.

Le *plan charismatique*, conçu à l'intérieur d'un itinéraire de communion ecclésiale qui discerne la volonté de Dieu, doit être le fruit d'une vision partagée, l'expression d'un chemin synodal à partir de la phase pré-capitulaire jusqu'à la réalisation avec la vérification de la réception des contenus capitulaires.

Les décisions opérationnelles sur les biens et les œuvres seront assumées par le Supérieur général avec son Conseil, à l'intérieur d'un cadre de référence partagé et, raisonnablement, en dehors d'une logique de l'urgence.

Le Chapitre général doit prédisposer et approuver un *directoire économique* ou tout autre texte analogue qui, y compris à la lumière de l'expérience mûrie dans le temps, facilite une action le plus possible conforme au charisme de l'Institut, à sa mission et au conseil de pauvreté.

Le Chapitre général doit établir la somme maximale pour les actes d'administration extraordinaire des Provinces.

Le droit particulier de l'Institut doit identifier les actes d'administration extraordinaire et les procédures nécessaires pour les mettre en œuvre (cf. can 638 § 1 et can. 1281).

59. Le Supérieur et son Conseil

En matière économique et administrative, le Supérieur recourt à son Conseil, en conformité avec le droit universel et particulier (cf. canons 627 et 638 § 1), dans le cadre des directions fondamentales établies par le Chapitre général, avec une référence particulière aux actes d'administration extraordinaire.

60. Chapitre provincial et Supérieur provincial

Lorsqu'il se rassemble, le *Chapitre provincial* rédige le plan concernant la circonscription à la lumière du *plan charismatique* approuvé par le Chapitre général.

Selon les normes établies par le droit universel et particulier, le Supérieur provincial, avec le consensus de son Conseil, soumet au Supérieur général avec son Conseil les actes qui nécessitent son approbation.

Il doit communiquer sans délai et avec la plus grande diligence l'émergence de critiques au Supérieur général qui doit être informé en vertu de son pouvoir sur l'Institut tout entier, selon la norme du can. 622.

61. Conseil pour les affaires économiques

Le droit particulier, selon la norme du can. 1280, pour l'Institut et pour les Provinces, doit prévoir un Conseil, ou toute dénomination analogue, pour les affaires économiques.

La composition de cet organisme peut être ouverte à la collaboration de laïcs, hommes et femmes, avec des compétences professionnelles spécifiques. Le Supérieur compétent pour autoriser les actes d'administration extraordinaire, outre le consensus de son Conseil (cf. can. 627 § 1) doit aussi obtenir l'avis (cf. can. 127 § 2, 2º) du Conseil pour les affaires économiques.

62. Règlement administratif

Le Supérieur compétent peut adopter avec son Conseil, si c'est opportun, un *règlement administratif* – en particulier dans les Instituts qui gèrent des œuvres importantes socialement – qui offre des indications opérationnelles dans le cadre du *plan charismatique* et du *directoire économique.*

Le *règlement administratif* doit discipliner, entre divers aspects, les contenus, les modalités et les temps sur lesquels les Supérieurs compétents doivent être informés ainsi que les activités dont ils doivent recevoir le compte rendu; cela vaut pour les activités internes à l'Institut comme pour les œuvres et les entités civiles en lien avec lui. Il doit enfin s'assurer que ceux qui sont institutionnellement préposés à des activités de contrôle informent périodiquement le Supérieur compétent sur le résultat de leurs actes.

Pour pouvoir maintenir une incidence effective, le *règlement administratif* doit être connu à l'intérieur de l'Institut et faire l'objet de révisions périodiques avec une procédure que l'on aura soin de définir au moment de l'adoption.

63. Commissions

La possibilité d'instituer des Commissions ou des groupes de travail sur des questions spécifiques ou sur des faits de nature juridique et économique doit être règlementée dans le cadre du droit particulier. Il faut aussi définir l'objectif du mandat, la durée de la charge, la nomination des membres. Lorsque c'est opportun, il faut prévoir la participation de laïcs, hommes et femmes, qualifiés professionnellement.

64. L’économe

L’option entre élection et nomination pour la désignation de l’économe revient au droit particulier. Dans les deux cas, toutefois, on rappelle l’importance croissante d’un professionnalisme adapté, en conformité avec l’identité propre de chaque Institut (cf. can. 587 § 1), la prédisposition à la collaboration, les aptitudes inhérentes au rôle lui-même (cf. can. 636 § 1) et le détachement des biens.

En conformité avec la réglementation canonique sur le mandat des Supérieurs (can. 624 §§ 1 et 2), le droit particulier doit prévoir une limite à la durée de la charge des économes et une rotation adéquate en prédisposant des parcours de formation et des temps d’accompagnement opportuns.

Il revient au droit particulier d’établir si l’économe peut aussi être conseiller. Il est opportun que l’économe participe aux réunions du Conseil du Supérieur en matière économique et, bien qu’il n’ait pas le droit de vote s’il n’est pas conseiller, qu’il assure au Supérieur et à son Conseil la connaissance des éléments nécessaires à une décision pondérée.

L’économe est membre *ex officio* du Conseil pour les affaires économiques, selon le § 61.

Le droit particulier doit prévoir l’obligation d’un compte rendu de la part de l’économe (cf. canons 636 § 2 et 1284 § 3) selon des procédures identifiées et périodiquement évaluées par le Supérieur avec son Conseil.

Des *formes efficaces de coordination* entre l'économe général, les économes provinciaux et les responsables des œuvres sont recommandées.

65. Le représentant légal

En tant que personne juridique, l'Institut interagit avec des tiers par le biais du représentant légal (cf. can. 118) dans le domaine canonique comme dans le domaine civil.

Posant des actes au nom et pour le compte de ce même Institut, il en exécute la volonté, exprimée à travers les Supérieurs légitimes et les organismes compétents, selon le droit universel et particulier, et lie l'Institut à l'égard de tiers. Pour cette raison, si on le juge opportun, le représentant légal, lorsqu'il n'est pas conseiller, peut participer aux réunions du Conseil du Supérieur dans lesquelles sont prises des décisions ayant une importance civile.

Le représentant légal agit toujours et uniquement dans les limites de son mandat: il peut accomplir les actes d'administration ordinaire; pour les actes d'administration extraordinaire, il a besoin de l'autorisation du Supérieur compétent. En revanche, quand il agit sans mandat, contre ou au-delà de celui-ci, il ne représente plus l'institut.

Si le représentant légal agit de manière invalide, l'Institut n'a aucune responsabilité, les actes ainsi posés par le représentant légal lui sont imputables et c'est lui qui doit en répondre. S'il agit de manière illicite, l'acte est imputable à l'Institut qui doit en répondre, mais il peut se retourner contre son représentant (cf. can. 1281 § 3 et can. 639).

Tout mandat du représentant légal doit être conféré sous forme écrite, précise et complète dans son contenu; qu'il en soit disposé un enregistrement soigneux.

Pour des raisons de distinction adéquate des compétences, il est préférable que la charge du représentant légal soit assumée par une personne différente du Supérieur et de l'économe, à moins que la législation civile n'en dispose autrement.

Les dispositifs adoptés par l'Institut concernant le domaine de compétence du représentant légal doivent aussi être connus à l'extérieur, surtout lorsque celui-ci interagit avec les systèmes civils. L'identification précise des sujets habilités à la décision et à la représentation de l'Institut constitue une condition pour l'instauration de rapports institutionnels avec des tiers.

66. Collaboration avec des professionnels externes

La complexité croissante des situations économiques et administratives rend souvent indispensable le recours à la *collaboration avec des professionnels externes*. Dans le choix de professionnels externes, il faut privilégier les personnes conscientes des particularités des Instituts et les experts dans le domaine spécifique d'intervention, évitant le recours indifférencié à un unique professionnel.

La relation professionnelle doit être règlementée afin d'établir au préalable les objectifs de l'activité et la présentation des préavis, réglés sur la base de contrats clairs et à terme.

Il convient de recommander une évaluation sur la réalisation des objectifs établis, y compris en demandant aux dits professionnels des rapports périodiques sur l'activité déroulée.

67. Contrôle interne

À travers des normes du droit particulier, il faut établir des formes de *contrôle interne* qui, grâce à une système équilibré d'autorisations préventives, de comptes rendus et de vérifications successives, permettent aux sujets compétents – et en particulier au Supérieur avec son Conseil – de veiller sur l'activité de l'économe, du représentant légal et des professionnels impliqués.

Tous ceux qui, à titre légitime, participent à l'administration des biens ecclésiastiques, sont tenus de remplir leurs charges au nom de l'Église, en vertu du droit (cf. can. 1282).

68. Délégations

Une vigilance particulière est recommandée dans l'attribution de *délégations* de gestion. Les délégations doivent être déterminées dans leur contenu, dans les limites – y compris temporelles – et dans les modalités d'exercice. Il faut éviter les *procurations générales*: assigner à un sujet déterminé un pouvoir illimité d'agir au nom et pour le compte de l'Institut expose, en effet, à un risque grave de comportements impropres et est en contradiction avec les exigences de la communion.

L'administration et la gestion du patrimoine

69. Personnalité juridique civile

Les Instituts de vie consacrée et les Sociétés de vie apostolique doivent s'assurer, dans la mesure du possible, d'obtenir la personnalité juridique, même civile, dans les pays où ils travaillent.

Les biens ne doivent pas être enregistrés au nom de personnes physiques, à moins qu'il ne s'agisse de situations exceptionnelles, pour des raisons graves, et avec la permission du Supérieur compétent. Le Supérieur qui a accordé la permission doit tout faire pour que la propriété soit dès que possible transférée à l'Institut par un acte juridique civilement valide.

Lorsque l'Institut doit enregistrer les biens au nom de sujets différents de personnes physiques, le Supérieur qui a accordé la permission doit pourvoir à conserver une documentation conforme attestant la propriété effective, afin d'éviter l'émergence de litiges.

70. Modes d'acquisition

Le travail des membres – réalisé à l'intérieur des œuvres propres ou à l'extérieur, selon les modes consentis par le droit particulier et avec la permission du Supérieur compétent (cf. can. 671) – constitue la forme ordinaire de subsistance.

Selon la norme du can. 668 § 3, tout ce qu'un religieux acquiert par ses propres capacités et son travail, ou du fait de l'Institut, est acquis pour l'Institut. Ce qu'il reçoit comme pension, subside ou assurance à n'importe quel titre, est acquis par l'Institut, à moins qu'il n'en soit disposé autrement dans le droit particulier. Sauf indications contraires, les offrandes faites au Supérieur ou aux administrateurs de toute personne juridique ecclésiastique, y compris privée, sont présumées faites à la personne juridique (cf. can. 1267 § 1).

L'institut a pour devoir de procurer aux membres ce qui, selon les Constitutions, leur est nécessaire pour réaliser la fin de leur vocation (cf. can. 670).

Le droit particulier doit établir les procédures pour une acceptation valide des donations; l'attention doit être accordée aux caractéristiques et aux qualités du sujet donateur, aux sources d'où celles-ci peuvent vraisemblablement provenir, à la présence de droits légitimes de tiers. Ne peuvent être acceptées des donations destinées à financer des initiatives qui, dans les finalités ou dans les moyens employés pour les réaliser, ne correspondent pas à la doctrine sociale de l'Église.

Les Instituts, tout en reconnaissant en elles un don de la Providence, ne doivent pas accepter de donations avec des charges (cf. can. 1300) sans avoir attentivement éva lué le caractère licite de la charge, la capacité de s'en acquitter et la présence de droits légitimes de tiers.

71. Partage de biens (cf. § 10)

L'Institut doit établir des normes afin de répartir équitablement les biens en son sein, dans un esprit de communion, à l'exemple des premières communautés chrétiennes (cf. *Ac* 4,34-35). On mettra ainsi en commun, au service des finalités apostoliques, non seulement les biens matériels et le fruit du travail de chacun, mais aussi le temps, les dons, les capacités personnelles, afin de pourvoir généreusement aux besoins des communautés moins aisées, comme une prophétie de la fraternité dans le monde actuel.

72. Patrimoine stable (cf. §§ 38-40)

Le droit particulier doit établir si l'attribution des biens de l'Institut au patrimoine stable revient au Chapitre général ou au Supérieur général avec l'accord de son Conseil. De même, en ce qui concerne les biens d'une Province ou d'une maison légitimement érigée, le droit particulier doit établir si l'attribution incombe au Chapitre provincial ou à d'autres assemblées similaires (cf. can. 632) ou bien au Supérieur provincial avec l'accord de son Conseil et si celle-ci doit être confirmée par le Supérieur général.

Le patrimoine stable doit être composé des biens immobiliers et mobiliers qui garantissent la subsistance de l'Institut, des Provinces, des maisons légitimement érigées et qui assure la réalisation de la mission.

L'attribution des biens au patrimoine stable doit être soumise à une évaluation périodique.

La légitime attribution est requise par le droit canonique, indépendamment de la qualification que le patrimoine stable pourra avoir dans le système civil des différents pays.

Les critères pour la gestion du patrimoine stable doivent être définis. Le bilan de l'Institut, de la Province et de la maison légitimement érigée doit en prévoir une représentation spécifique dans la composante patrimoniale comme dans la composante économique; dans une section propre du rapport d'accompagnement, les variations intervenues, les résultats obtenus et leur destination doivent figurer de manière analytique.

73. Acquisition d'immeubles

Les Instituts doivent évaluer avec une grande attention l'opportunité de l'acquisition d'immeubles, considérant chaque aspect lié à la décision à prendre.

L'acquisition doit être faite et régularisée exclusivement sous des modalités conformes aux dispositions civiles et fiscales locales, en cohérence avec le *plan charismatique.*

Le processus décisionnel doit considérer: l'approbation d'un plan spécifique d'investissement qui précise les principaux facteurs tels que le but de l'acquisition, la dimension et la fonction par rapport à la fin, la conformité sur le plan technique et de l'urbanisme, la possibilité d'une future aliénation, les ressources financières nécessaires ou les modalités par lesquelles celles-ci, en tout ou partie, seront acquises, l'identification et la planification des modalités de remboursement d'éventuels prêts contractés dans ce but et l'évaluation attentive des qualités du vendeur.

74. Nouvelles constructions

Le projet et l'édification de nouvelles structures doivent être engagés lorsque c'est nécessaire, en observant ce qui a été précédemment rappelé pour les acquisitions, en accordant un soin particulier à la phase d'analyses et à la formulation d'indications précises aux auteurs du projet.

Ce qui va être réalisé doit avoir des caractéristiques de sobriété et de fonctionnalité, doit être d'une gestion aisée, doit prévoir un niveau de manutention minimum, dans la composante structurelle comme dans celle des implantations et doit, en période de difficultés de gestion et de vocation, être facilement cédé à des tiers ou reconvertible pour des usages différents.

Un soin vigilant doit être apporté à la définition et au contrôle ultérieur de procédures adéquates pour l'assignation de tâches et de marchés ainsi qu'à la conformité aux dispositions législatives locales de ce qui est projeté et réalisé.

75. Autorisations du Saint-Siège pour l'éventuel recours au crédit

Pour l'acquisition de nouveaux biens, la construction et la restructuration d'immeubles, le droit particulier doit établir la procédure pour la validité des actes.

L'acquisition, les nouvelles constructions et les restructurations, tout en étant des actes d'administration extraordinaire, quelle que soit la somme, ne requièrent pas, selon le can. 638 § 3, la permission de la Congrégation pour les Instituts de vie consacrée et les Sociétés de vie apostolique.

La permission est requise lorsque l'Institut de vie consacrée ou la Société de vie apostolique doit recourir au crédit pour financer l'opération, quand celui-ci dépasse la somme maximale prévue pour chaque Région. La documentation à présenter pour instruire le dossier est la même qu'au § 88.

76. Location d'immeubles

En cas de location de biens de propriété à des tiers et, en général, pour tous les contrats à titre onéreux qui mettent le bien à disposition de tiers, il faut vérifier avec attention la qualité du locataire ; que l'on s'assure que les finalités d'utilisation du bien ne soient pas opposées à la mission de l'Institut ou contraires à la spécificité des biens temporels de l'Église et non modifiables dans le temps, sauf autorisation expresse de la propriété ; que l'on s'assure que l'immeuble est compatible avec l'usage envisagé.

Que l'on base correctement le rapport, en prêtant attention aux modalités de formalisation du contrat et à ses clauses. Que celles-ci considèrent et règlementent aussi les modalités et les conditions dans lesquelles le bien devra être restitué au terme du rapport. Que l'on évalue les implications possibles qui en découlent, considérant le fait que les biens ne seront pas disponibles pour l'Institut pendant la durée du rapport.

77. Disposition des biens à titre gratuit

Pour les contrats où l'on dispose du bien à titre gratuit, ce qui a été dit pour la location vaut en général. Que l'on prête attention aux charges et aux coûts qui resteront à charge de la propriété et que l'on considère l'éventuelle exigence d'interventions extraordinaires de restructuration ou de manutention.

78. Autorisations du Saint-Siège pour locations, commodats et autres contrats similaires

Pour stipuler des contrats de location, de commodat, de concession du droit de superficies, usage, habitation, constitution du droit d'usufruit, si le bien qui fait l'objet de l'affaire dépasse la somme maximale fixée pour les Régions et si le contrat a une durée qui dépasse neuf ans, l'autorisation de la Congrégation pour les Instituts de vie consacrée et les Sociétés de vie apostolique est requise.

L'instance, transmise par le Supérieur général avec l'accord de son Conseil, doit présenter les motifs de la demande et alléguer le projet de contrat.

79. Valorisation du patrimoine immobilier

Restant fermes les normes canoniques sur les autorisations (cf. can. 638 §§ 3 et 4), les Instituts de vie consacrée et les Sociétés de vie apostolique doivent lancer une réflexion approfondie sur les modalités pour valoriser le patrimoine immobilier. Que ces modalités soient compatibles avec la nature de bien ecclésiastique, surtout quand ce patrimoine reste totalement ou partiellement inutilisé, afin d'éviter des coûts potentiellement insoutenables.

80. Aliénation d'immeubles

L'aliénation d'immeubles doit se faire en cohérence avec le *plan charismatique* de l'Institut (cf. § 58). Le droit particulier doit établir la procédure pour poser validement les actes de vente, d'échange et de donation de biens immobiliers en tenant compte des dispositions de la législation canonique et civile. Il faut favoriser le recours à des procédures qui privilégient, lorsque c'est possible, le recueil de plusieurs offres.

Il est recommandé d'évaluer prioritairement, surtout lorsque les conditions de l'Institut le permettent, la possibilité d'une cession à d'autres entités ecclésiales en évitant, en tous cas, des aliénations qui porteraient préjudice au bien commun de l'Église.

Avant de lancer des tractations, il faut demander à une source indépendante et compétente la connaissance préalable de la valeur du marché du bien immobilier qui fait l'objet de l'acte et que soit vérifiée attentivement la pleine et libre disponibilité du bien, la présence de préemptions, l'existence de documentation attestant le titre de son acquisition et la conformité du bien aux dispositions urbanistes en vigueur. Les effets fiscaux doivent être considérés.

Lors de la sélection et du choix de la contrepartie, il faut considérer sa réputation et – en cas de paiement échelonné – il faut acquérir les garanties adéquates, de préférence par des sources bancaires ou d'assurances.

En cas d'octroi de charges ou de mandats à la vente, à réaliser sous forme écrite, il faut accorder une attention particulière à toutes les clauses sans oublier, en particulier, de préciser toutes les conditions auxquelles doit se soumettre l'opération et l'entité de la provision qui sera reconnue à l'intermédiaire. Lorsque c'est possible, que l'on évite d'octroyer des mandats en exclusivité.

Il faut refuser les propositions qui, en raison des caractéristiques de l'offrant, des modalités prévues pour la réalisation de l'opération, ou des moyens de paiement envisagés, ne semblent pas cohérentes avec les valeurs propres de l'Institut.

Selon le can. 1298, sauf pour une affaire de peu d'importance, les biens ecclésiastiques ne doivent ni être vendus ni être loués à leurs propres administrateurs ou à leurs proches jusqu'au quatrième degré de consanguinité ou d'affinité, sans une autorisation spéciale écrite du Supérieur compétent.

81. Autorisation du Saint-Siège pour la vente ou la donation d'immeubles

Si la valeur du bien dépasse la somme maximale fixée par les Régions, en vertu du can. 638 § 3, il est nécessaire de demander l'autorisation de la Congrégation pour les Instituts de vie consacrée et les Sociétés de vie apostolique.

Toutes les aliénations supérieures au chiffre maximum en vertu du can. 638 § 3 sont sujets *ad validitatem* à l'autorisation de la Congrégation pour les Instituts de vie consacrée et les Sociétés de vie apostolique, indépendamment du fait que les biens soient inscrits ou non au patrimoine stable.

La demande d'autorisation doit être présentée par le Supérieur général, avec l'accord de son Conseil; elle doit exprimer la juste cause (cf. can. 1293 § 1), définir la modalité selon laquelle le produit sera utilisé (cf. can. 1294 § 2), joindre une documentation d'expert, si possible sous serment (cf. can. 1293 § 1, 2º) et, pour les Instituts de droit pontifical, l'avis de l'Ordinaire du lieu où est situé l'immeuble et, pour les Instituts de droit diocésain et les monastères *sui iuris*, l'accord de l'Ordinaire du lieu où est situé l'immeuble (cf. can. 615).

Si l'objet de l'aliénation est composé de biens divisibles, pour la validité de la licence, il faut indiquer dans la demande les parties éventuellement déjà aliénées (cf. can. 1292 § 3).

La licence est aussi nécessaire pour la vente de plusieurs objets dont la valeur totale dépasse la somme maximale (cf. can. 1292 § 2).

Ces règles s'appliquent pour la vente de biens immobiliers, pour les contrats d'échange de biens, pour les donations même si elles sont conclues avec d'autres personnes juridiques publiques, pourvu que leur valeur dépasse la somme maximale.

La Congrégation pour les Instituts de vie consacrée et les Sociétés de vie apostolique n'autorise pas de ventes finalisées à subvenir aux nécessités financières immédiates, sans que soient évaluées les causes qui génèrent ces exigences.

Quand les aliénations sont indispensables pour payer les dettes que l'Institut a contractées dans le cadre de ses œuvres apostoliques, il est nécessaire que, dans l'instruction du dossier, soit présenté le plan de redressement économique et financier.

La Congrégation pour les Instituts de vie consacrée et les Sociétés de vie apostolique, en vertu du can. 1293 § 2, peut demander que d'autres précautions soient prises pour éviter des dommages à l'Église.

Pour l'aliénation d'immeubles sis dans la ville de Rome, avant d'accorder l'autorisation, la Congrégation pour les Instituts de vie consacrée et les Sociétés de vie apostolique communique la demande à la Secrétairerie d'État et à l'Administration du Patrimoine du Siège apostolique, pour vérifier leur intérêt éventuel.

Pour l'autorisation de l'aliénation de biens sis à Malte, sont appliquées les règles établies par le *Statutum* du 6 juillet 1988.

Pour les biens immobiliers situés au Moyen Orient, la compétence revient à la Congrégation pour les Églises orientales.

82. Autorisation du Saint-Siège pour des choses précieuses de valeur artistique ou historique et pour les donations votives

Pour l'aliénation de choses précieuses en raison de leur valeur artistique ou historique, la permission est exigée même si le montant n'excède pas la somme maximale. Si ces biens sont audités, il faut suivre les formalités prescrites par la législation civile dans ce domaine.

Sont sujettes à la même discipline les aliénations de donations votives faites à l'Église. Il est absolument illicite de vendre des reliques (cf. can. 1190 § 1).

Les choses sacrées, si elles appartiennent à une personne juridique ecclésiastique publique, peuvent être acquises uniquement par une autre personne juridique ecclésiastique publique (cf. can. 1269).

83. Aliénations sans la permission requise

En vertu du can. 1296, si les biens ecclésiastiques étaient aliénés sans le respect des règles canoniques et que l'aliénation soit valide civilement, le Supérieur compétent devra décider s'il faut intenter des actions opportunes pour revendiquer les droits de l'Église.

En vertu du can. 1377, sera puni par une juste peine qui aliène des biens ecclésiastiques sans la permission requise.

84. Investissements financiers

Dans l'usage et la gestion de ressources financières non immédiatement nécessaires à l'activité de l'Institut (par exemple des *inves-*

tissements financiers), il faut être conscient de la complexité technique des procédures de marché et suivre des critères de prudence adéquats dans la sélection et le choix des produits financiers offerts. Il faut vérifier la légalité de la procédure et le caractère éthique de l'investissement, avec une attention particulière aux finalités institutionnelles de l'Institut et aux nécessités de prévoyance de ses membres.

Pour la complexité technique des décisions concernées, sont valables les indications données précédemment à propos des choix économiques et de l'identification des professionnels.

85. Œuvres (cf. § 34)

Il est recommandé d'évaluer la possibilité que des œuvres de dimensions importantes soient distinctes de l'Institut de vie consacrée ou de la Société de vie apostolique, restant sauf ce qui est établi par le droit universel et particulier. Les solutions doivent être identifiées sur la base des circonstances spécifiques et doivent assurer la fidélité de l'œuvre au charisme de l'Institut et sa conformité au régime applicable aux relations entre l'État et l'Église.

Il faut réserver une attention particulière aux œuvres évangéliquement importantes mais caractérisées, en raison d'un changement de contexte et des conditions générales, par un déséquilibre économique structurel. Les Instituts doivent évaluer des solutions qui empêchent les évolutions économiques négatives de compromettre la fin correspondant à la mission de l'Église (cf. can. 114 § 1).

Il y a d'autres œuvres où se vérifie un déséquilibre économique, souvent physiologique. L'Institut promoteur doit, avec réalisme, en évaluer le niveau de compatibilité avec les ressources disponibles ou avec celles qu'il leur destine, en prenant les décisions nécessaires avec diligence.

En présence de difficultés économiques ou de gestion, il est opportun de vérifier la possibilité de mettre en œuvre des formes de collaboration avec d'autres Instituts ou de transformer l'œuvre elle-même de sorte que celle-ci continue, même si c'est sous d'autres modalités, comme œuvre de l'Église.

Des raisons de prudence suggèrent de prendre les décisions sans délai, afin d'éviter que se consolident des évolutions économiques négatives ou, carrément, la nécessité inéluctable de procéder à la fermeture de l'œuvre.

Au cas où la gestion serait devenue excessivement complexe ou onéreuse, il faut privilégier des aménagements qui consentent de maintenir la propriété des biens et le contrôle de l'œuvre dans l'Institut, quitte à en confier la gestion opérationnelle à des tiers, selon des modalités adéquatement capables de respecter le charisme et de poursuivre la mission de l'Institut.

86. Autorisations du Saint-Siège pour l'abandon d'œuvres

Pour les aliénations d'œuvres quand la valeur dépasse la somme maximale fixée pour chaque Région, il est nécessaire d'obtenir la permission de la part de la Congrégation pour les Instituts de vie consacrée et les Sociétés de vie apostolique.

La pratique doit être instruite avec les modalités prévues pour les aliénations de biens immobiliers (cf. § 81).

Pour l'abandon ou la réorganisation d'œuvres sanitaires ou sociales et sanitaires présentes sur le territoire italien, la Congrégation pour les Instituts de vie consacrée et les Sociétés de vie apostolique transmet la demande à la *Commission pontificale pour les activités du secteur sanitaire des personnes juridiques publiques de l'Église*, de laquelle elle recevra l'éventuel consentement.

87. Recours au crédit

Le droit particulier doit établir les modalités pour contracter validement des emprunts, dettes, hypothèques ou des gages.

Selon le can. 639 § 5, les Supérieurs compétents doivent s'abstenir d'autoriser à contracter des dettes, à moins qu'il n'apparaisse avec certitude que l'intérêt de la dette pourra être couvert par les revenus ordinaires et que tout le capital pourra être restitué dans un temps pas trop long avec un amortissement légitime.

Le respect substantiel de cette prescription, surtout en présence d'œuvres importantes insérées dans des environnements juridiques non homogènes, dépend aussi de l'adoption et de l'activation de cadres organisationnels adéquats, de procédures et d'instruments de relevé comptable efficaces, de modalités de compte rendu de gestion incisives et d'organes et d'instruments de contrôle adéquats.

Il reviendra au Supérieur avec son Conseil d'évaluer si la proposition de recours au crédit, transmise avec son approbation, est adéquatement instruite et si tous les éléments nécessaires pour une décision clairvoyante sont disponibles. Il devra considérer le caractère raisonnable des prévisions sur lesquelles seront fondées les perspectives des entrées finalisées à son apurement, y compris en lien avec le montant de l'éventuelle dette préexistante.

Quand la délivrance d'une garantie pour le financement est nécessaire, il faut en évaluer avec attention la congruence et considérer les modalités techniques de sa délivrance et les possibles implications. Le processus d'évaluation devra être particulièrement sévère quand la garantie est demandée pour le compte d'un sujet juridiquement distinct, même s'il est lié ou participant.

Le Supérieur avec son Conseil doit exiger l'examen périodique de la situation financière dans son ensemble, en tenant compte de son effective viabilité et, lorsque son montant, sa composition, son évolution prévisible manifestent une situation critique, il doit évaluer et prendre les mesures opportunes.

Il faut considérer, dès qu'ils existent, les éventuels risques liés à de possibles oscillations monétaires.

Selon le can. 639 § 1, la personne juridique qui a contracté des dettes et des obligations, y compris avec la permission des Supérieurs, est tenue d'en répondre personnellement. Si un religieux, avec la permission du Supérieur, a contracté des dettes et des charges sur ses biens propres, il doit en répondre personnellement; en revanche si, sur mandat du Supérieur, il a conclu des affaires de l'Institut, c'est l'Institut qui doit en répondre (cf. can. 639 § 2). Si le religieux contracte des dettes sans aucune permission du Supérieur, ce sera lui-même, et non la personne juridique, qui devra en répondre (cf. can. 639 § 3).

88. Autorisation du Saint-Siège pour les financements

Quand le montant de l'opération financière dépasse la somme fixée pour les Régions, pour la validité de l'acte, la permission de la Congrégation pour les Instituts de vie consacrée et les Sociétés de vie apostolique est nécessaire.

Le Supérieur général doit transmettre la demande après avoir obtenu le consentement de son Conseil, indiquant les motifs, présentant la situation débitrice générale de l'Institut et le plan d'amortissement.

Si le financement est lié à des situations de crise des œuvres, la Congrégation pour les Instituts de vie consacrée et les Sociétés de vie apostolique n'accorde l'autorisation qu'après avoir approfondi les raisons qui génèrent les difficultés économiques.

Dans le cas de sommes importantes et en l'absence de certification de bilan, le Dicastère pourrait ne pas accorder d'autorisations pour des procédures de financement.

89. Établissements civils liés

Les spécificités des rapports entre l'État et l'Église dans les différents pays et les choix concrets d'organisation de chaque Institut comportent la présence fréquente d'*établissements civils liés à la personne juridique canonique.*

Le droit particulier doit établir la modalité pour ériger validement des établissements civils liés à l'Institut et pour leur transférer des biens.

Bien qu'il s'agisse de sujets juridiquement distincts, le lien de tels établissements avec les Instituts justifie une attention particulière dans leur constitution et dans leur gestion. En effet, l'activité de ces établissements peut mettre en danger la bonne réputation de l'Institut et donner lieu, si les lois civiles applicables le prévoient, à une responsabilité de l'Institut pour des dettes de l'établissement lié.

Tout en respectant la réglementation canonique, il convient que le gouvernement des établissements civils liés soit exercé en conformité avec le charisme des Instituts de vie consacrée et des Sociétés de vie apostolique. À cette fin, les modalités utilisables sont multiples, par exemple: la prévision, dans les Statuts des établissements civils liés de buts analogues à ceux des Instituts de vie consacrée et des Sociétés de vie apostolique; l'attribution aux organes de gouvernement des Instituts et des Sociétés du pouvoir de nommer les responsables et d'approuver les actes d'administration extraordinaire des établissements civils liés; la prévision d'obligations de compte-rendu aux Instituts à la charge des responsables des établissements civils liés; l'insertion dans les Statuts de ces établissements d'une clause qui dispose, en cas de dissolution, la dévolution du patrimoine résiduel à l'Institut de vie consacrée ou à la Société de vie apostolique, à un autre établissement lié ou encore à un autre Institut ou à une autre Société avec des caractéristiques similaires. En aucun cas le recours à des établissements civils, quelle qu'en soit la forme, ne peut être utilisé pour éluder les contrôles canoniques.

90. Autorisation du Saint-Siège pour le transfert de biens à des établissements civils

Quand la valeur du bien à transférer à l'établissement civil, même s'il est lié à l'Institut, dépasse la somme maximale établie pour chaque Région, la permission de la Congrégation pour les Instituts de vie consacrée et les Sociétés de vie apostolique est requise. Pour l'instruction du dossier, il faut suivre ce qui a été dit pour les biens immobiliers, dans le § 81 du présent document et pour les œuvres au § 86.

91. Le devoir de rendre compte (cf. §§ 41-43)

Le devoir général de rendre compte, prévu par la réglementation canonique (cf. can. 636 § 2), favorise une gestion ordonnée et assure la viabilité des Instituts de vie consacrée et des Sociétés de vie apostolique.

Chaque indication en matière de compte rendu et de bilans est appelée à se décliner selon le principe de la *proportionnalité*. C'est pourquoi elle prend en considération opérationnelle, avant tout, le destinataire, avec sa nature particulière, ses dimensions, son activité spécifique et l'environnement historique et social dans lequel il œuvre.

C'est pourquoi le devoir de rendre compte exige la nécessaire tenue d'*écritures comptables* proportionnelles aux dimensions et aux caractéristiques organisationnelles des différents Instituts qui, dans tous les cas, acceptent d'identifier, avec l'aide de systèmes d'information, les données patrimoniales, économiques et financières relatives aux communautés et aux œuvres. Dans cette perspective, le *bilan d'exercice* représente l'instrument idoine pour développer des choix éclairés afin d'augmenter la transparence dans la gestion et, en même temps, la crédibilité de l'Institut dans son contexte de référence.

Pour les Instituts présents dans plusieurs pays, l'adoption de modalités comptables adéquates pour permettre la comparaison et, éventuellement, le regroupement des données, est à conseiller.

Pour les œuvres, la tenue d'une comptabilité séparée est nécessaire et, dans le cas d'œuvres de dimensions importantes, il est fortement conseillé de soumettre les bilans à une *révision comptable*. En présence d'œuvres avec une particulière valeur sociale, la rédaction d'un *bilan social* peut contribuer à une plus grande conscience des résultats de l'activité et à la transparence dans les rapports institutionnels et dans la récolte de fonds.

Au sujet des œuvres, il est opportun, en vue également d'une utilisation efficace des ressources disponibles, de recourir à des instruments adéquats de définition des objectifs de moyenne et de longue durée (i.e.: *planification stratégique*), de programmation économico-financière (i.e.: *budget*) et de vérification *in itinere* de la réalisation des objectifs prévus (i.e.: *contrôle de gestion*), en identifiant des sujets compétents et des procédures de mise en œuvre proportionnées aux dimensions et aux spécificités des activités.

92. L'application des lois civiles

Dans tous les cas, il est nécessaire de respecter les lois civiles. Des précautions particulières doivent être réservées au traitement des travailleurs et des travailleuses à l'égard desquels il faut observer avec soin les lois relatives au travail et à la vie sociale, selon les principes de la doctrine sociale de l'Église. Les travailleurs employés doivent être rétribués avec justice et honnêteté, de sorte qu'ils soient en mesure de subvenir comme il convient à leurs besoins propres et à ceux de leurs proches (cf. can. 1286).

Il faut, en outre, faire attention à la protection des créanciers, aux obligations fiscales et aux charges sociales ainsi qu'à la prévention des délits.

93. Archives (cf. § 44)

Selon les canons 1283 et 1284, dans tous les Instituts il doit y avoir des archives économiques et administratives en vue d'une organisation administrative et comptable efficace.

Il faut soigner avec diligence la rédaction et la mise à jour constante de l'inventaire des biens et valeurs reçus en consigne, ainsi qu'un catalogage et une conservation attentifs des écritures comptables et des contrats de garantie contre les risques.

Les relations dans l'Église

94. Relations avec l'Église locale (cf. §§ 28-30)

Les Supérieurs majeurs doivent faire participer l'Église locale aux projets de l'Institut comme aux efforts de gestion. Ainsi, avant de fermer une communauté ou une œuvre – pour lesquels on demande la consultation préalable de l'évêque diocésain (cf. canons 612 et 678 § 3) – que l'on évalue la possibilité de solutions alternatives concrètes.

Les Instituts de droit pontifical, avant de transmettre à la Congrégation pour les Instituts de vie consacrée et les Sociétés de vie apostolique la demande d'autorisation pour l'aliénation d'immeubles et l'abandon d'œuvres, doivent demander son avis par écrit à l'Ordinaire du lieu où l'immeuble est situé.

Selon le can. 638 § 4, les Instituts de droit diocésain et les monastères *sui iuris* (cf. can. 615) doivent demander, pour leurs affaires, le consentement écrit de l'Ordinaire du lieu.

Les monastères *sui iuris*, selon le can. 615, doivent présenter une fois par an le compte rendu de leur administration à l'Ordinaire du lieu. Ce dernier a le droit de prendre connaissance de la conduite des affaires économiques d'une maison religieuse de droit diocésain (cf. can. 637).

De nombreuses femmes consacrées se dévouent, y compris à temps plein, à la pastorale diocésaine ou dans des bureaux et à des fonctions connexes; cette *forme de ministère au féminin* se présente avec une expérience et une compétence propre, ainsi qu'un professionnalisme reconnu. Il revient à la Supérieure majeure, par analogie avec ce qui est prévu par le can. 681 § 2, de procéder à des accords avec les Églises locales respectives et définir avec exactitude ce qui concerne le service de la consacrée et les aspects économiques.

95. Collaboration entre Instituts (cf. §§ 31-33)

Afin de favoriser la collaboration entre Instituts, que l'on organise des réunions périodiques entre les économes généraux, surtout lorsqu'existe une affinité de charismes et d'œuvres: que l'on favorise des moments partagés de formation et d'étude avec des enseignants et des experts des domaines liés au fonctionnement des Instituts; que l'on réalise des formes de collaboration pour l'organisation et la gestion des services administratifs et comptables nécessaires; que se développent des formes concrètes de solidarité responsable y compris à travers l'institution de fonds au bénéfice des Instituts en situation de plus grande difficulté.

Les Conférences des Supérieurs majeurs, outre qu'elles favorisent la collaboration et le dialogue, aident à comprendre les changements socio-politiques et législatifs en cours pour favoriser la prise de décisions plus efficaces de la part des différents Instituts. Qu'elles prévoient, lorsque c'est possible, des commissions formées de consacrés, hommes et femmes, et de laïcs experts en matière économique, auxquels les Instituts peuvent s'adresser pour confronter leurs expériences mutuelles et – surtout lorsqu'ils sont de dimensions et de ressources modestes – demander conseil, soutien, bonnes pratiques et accompagnement.

96. Relations avec la Congrégation pour les Instituts de vie consacrée et les Sociétés de vie apostolique

Les moments d'approfondissement proposés, les rencontres au Dicastère, avec la *Rela-*

tion périodique sur l'état et sur la vie des Instituts de vie consacrée et des Sociétés de vie apostolique (cf. can. 592 § 1), sont des moyens efficaces pour la mise en œuvre de l'exigence de connaissance réciproque, qui découle de la nécessaire communion des Instituts de vie consacrée et des Sociétés de vie apostolique avec le Saint-Siège.

Dans la *Relation périodique*, que l'on prête une attention particulière aux indications demandées par cette Congrégation[10] en ce qui concerne la condition économique des Instituts de vie consacrée et des Sociétés de vie apostolique ainsi que ses évolutions prévisibles, afin de pouvoir disposer d'une base de connaissance adéquate, y compris dans la perspective d'une relation diplomatique avec les États.

Une considération plus mûre de la discipline des permissions (cf. can. 638 § 3) est souhaitable, surtout dans le cas d'aliénations ou d'autres actes qui peuvent causer un préjudice à la situation patrimoniale de l'Institut, ou lorsque ceux-ci s'insèrent dans une déci-

[10] CONGRÉGATION POUR LES INSTITUTS DE VIE CONSACRÉE ET LES SOCIÉTÉS DE VIE APOSTOLIQUE, *Orientations fondamentales pour la rédaction de la Relation périodique sur l'état et sur la vie des Instituts de vie consacrée et des Sociétés de vie apostolique* (cf. CDC can. 592 § 1), joint au Prot. N. SpR 640/2008.

sion stratégique sur le maintien, sur l'abandon d'œuvres ou dans une procédure de faillite pour la gestion des rapports avec les créanciers.

La demande de permission doit devenir l'occasion d'un dialogue franc qui, sans préjuger de la légitime autonomie des Instituts, sauvegarde le respect de la nature ecclésiastique des biens et la dynamique de communion propre à l'Église.

En présence de problèmes économiques importants, ce Dicastère peut intervenir directement dans la vie des Instituts de vie consacrée et des Sociétés de vie apostolique à travers des Visiteurs apostoliques et des Commissaires pontificaux. Ces occasions doivent être accueillies comme un signe de la sollicitude du Saint-Siège auquel est confiée la tâche du soin et de la promotion des instituts, ainsi que de la vigilance sur ceux-ci.

97. Formation à la dimension économique (cf. §§ 18-19)

C'est la tâche spécifique des Supérieurs de lancer ou de développer des parcours de formation à la *dimension économique* soit dans une perspective ample concernant la doctrine sociale de l'Église, soit avec une attention spécifique à des problématiques économiques et administratives.

Les bilans prévisionnels revêtent une signification particulière en vue de la formation à la dimension économique ; ils ne doivent pas être uniquement vus dans leurs aspects techniques incontournables, mais compris comme des moyens pour grandir dans la communion, dans la coresponsabilité et dans la capacité à planifier la vie et le développement des œuvres et en cohérence avec la mission et avec le *plan charismatique* général et/ou provincial.

Dans le respect de la légitime autonomie des Instituts – surtout en présence de situations de gestion complexe –, il faut poursuivre des formes appropriées de formation permanente, en lien avec des universités catholiques ou d'autres institutions spécialisées qui conjuguent compétence technique et conscience des spécificités de la vie consacrée.

Il faut accorder un soin attentif à la *formation des économes* et des autres membres de l'Institut qui ont des charges de responsabilité en matière économique.

Les Supérieurs doivent acquérir les éléments nécessaires pour évaluer les thèmes soumis à leur attention.

Que l'on ne néglige pas la *formation des laïcs* appelés à collaborer avec les Instituts, pour assurer que leur apport soit conforme au charisme et se mette au service intégral de la mission. À côté de propositions visant à sauvegarder et à perfectionner la nécessaire compétence professionnelle, qu'il y ait la possibilité pour les laïcs impliqués dans les œuvres de l'Institut d'accéder à une formation globale, ciblée, organique et permanente.

CONCLUSION

98. Les personnes consacrées sont appelées à être de *bons gérants de la grâce de Dieu qui est si diverse* (*1P* 4,10), des administrateurs *prudents et fidèles* (*Lc* 12,42), ayant le devoir de prendre soin avec diligence de ce qui leur a été confié.

« Nous sommes destinataires des talents de Dieu, *à chacun selon ses capacités* (*Mt* 25,15). Avant tout reconnaissons ceci : nous avons des talents, nous sommes "talentueux" aux yeux de Dieu. Par conséquent personne ne peut penser être inutile, personne ne peut se dire pauvre au point de ne pas pouvoir donner quelque chose aux autres. Nous sommes choisis et bénis par Dieu, qui désire nous combler de ses dons, plus que ce qu'un papa et une maman désirent donner à leurs enfants. Et Dieu, aux yeux de qui aucun enfant ne peut être écarté, confie à chacun une mission ».[1]

[1] FRANÇOIS, *Homélie* à l'occasion de la Ière Journée mondiale des pauvres, Rome (19 novembre 2017).

Le primat revient au don de l'appel à être « mémoire vivante du mode d'existence et d'action de Jésus comme Verbe incarné par rapport à son Père et à ses frères ».[2]

Le monde a de plus en plus besoin de personnes qui, par la grâce de Dieu, se donnent totalement, « des hommes et des femmes capables d'accepter l'inconnue de la pauvreté, d'être attirés par la simplicité et par l'humilité, aimant la paix, exempts de compromis, déterminés à l'abnégation totale, libres et en même temps obéissants, spontanés et tenaces, doux et forts dans la certitude de la foi ».[3]

Les consacrés, hommes et femmes, embrassant le conseil évangélique de la pauvreté, sont la *mémoire vivante* du Christ pauvre parmi les pauvres. Tout en témoignant par leur vie qu'ils ont trouvé la perle précieuse (*Mt* 13,45-46), ils choisissent de partager le sort des pauvres, parce que « la pauvreté évangélique est une valeur en soi, en ce qu'elle rappelle la première des Béatitudes dans l'imitation du Christ pauvre ».[4]

[2] JEAN-PAUL II, Ex. Ap. post-synodale *Vita consecrata* (25 mars 1996), 22.

[3] PAUL VI, Ex. Ap. *Evangelica testificatio* (29 juin 1971), 31.

[4] JEAN-PAUL II, Ex. Ap. post-synodale *Vita consecrata* (25 mars 1996), 90.

99. Les pauvres nous poussent à des choix concrets, à assumer, y compris dans les signes extérieurs, une vie cohérente simple et sobre. Appelés à suivre le Christ pauvre, ils chercheront de nouvelles formes pour exprimer la joie de l'Évangile, à travers un témoignage plus clair de pauvreté autant personnelle que communautaire.

Aujourd'hui encore, le Seigneur multiplie pour nous les cinq pains et les deux poissons (*Jn* 6,9), à partir des dons que tant de frères mettent entre nos mains pour nourrir ceux qui sont dans le besoin. Vivre la Providence, c'est savoir accueillir ce que Dieu envoie pour notre vie et ouvrir les mains pour le rendre aux pauvres.

Les biens et les œuvres nous sont confiés comme un don de Dieu qui pourvoit, pour la poursuite de la mission. Leur gestion correcte, pour laquelle ont été offertes quelques indications, permet de vivre le conseil évangélique de la pauvreté et d'être fidèles aux charismes donnés aux Fondateurs et aux Fondatrices, au service de la mission de l'Église.

Le Magistère du pape François insiste souvent dans ses interventions sur le fait qu'il faudrait moins parler de pauvreté et davantage des pauvres. Les pauvres sont alors le principe qui inclut tous et chacun, qui marque les voies de la mission ; dans la tension pour le Royaume de Dieu l'Église se réalise et, en elle, la vie consacrée devient féconde.

« N'oublions pas que pour les disciples du Christ, la pauvreté est avant tout une *vocation à suivre Jésus pauvre.* C'est un chemin derrière lui et avec lui, un chemin qui conduit à la béatitude du Royaume des cieux (cf. *Mt* 5,3 ; *Lc* 6,20). Pauvreté signifie un cœur humble qui sait accueillir sa propre condition de créature limitée et pécheresse pour surmonter la tentation de toute-puissance, qui fait croire qu'on est immortel. La pauvreté est une attitude du cœur qui empêche de penser à l'argent, à la carrière, au luxe comme objectif de vie et condition pour le bonheur. C'est la pauvreté, plutôt, qui crée les conditions pour assumer librement les responsabilités personnelles et sociales, malgré les limites de chacun, comptant sur la proximité de Dieu et soutenu par sa grâce. La pauvreté, ainsi entendue, est la mesure qui permet de juger de l'utilisation correcte des biens matériels, et également de vivre de manière non égoïste et possessive les liens et affections ».[5]

Approuvé par le Saint-Père
à l'audience du 12 décembre 2017

Cité du Vatican, 6 janvier 2018
Solennité de l'Épiphanie du Seigneur

João Braz Card. de Aviz
Préfet

✠ José Rodríguez Carballo, O.F.M.
Archevêque Secrétaire

[5] FRANÇOIS, *Message pour la Ière Journée mondiale des pauvres*, Rome (13 juin 2017), 4.

SOMMAIRE

www.ingramcontent.com/pod-product-compliance
Ingram Content Group UK Ltd.
Pitfield, Milton Keynes, MK11 3LW, UK
UKHW041820200726
13854UKWH00001BA/11

9 788826 604923